기도는 예배다

LET US PRAY

존 파이퍼
존 맥아더
R.C 스프로울

조계광 옮김

생명의말씀사

Let us pray

Copyright © 2011 by Don Kistler
Originally published in English under the title:
Let us Pray
Published by The Northampton Press
P.O. Box 78135, Orlando, FL 32878-1135, USA

All rights reserved.

Korean Edition published by Word of Life Press, Seoul 2014
Translated by permission.
Printed in Korea.

기도는 예배다

ⓒ 생명의말씀사 2014

2014년 4월 7일 1판 1쇄 발행
2025년 1월 9일   7쇄 발행

펴낸이 l 김창영
펴낸곳 l 생명의말씀사

등록 l 1962. 1. 10. No.300-1962-1
주소 l 서울시 종로구 경희궁1길 6 (03176)
전화 l 02)738-6555(본사) · 02)3159-7979(영업)
팩스 l 02)739-3824(본사) · 080-022-8585(영업)

기획편집 l 구자섭
디자인 l 박소정, 최윤창
인쇄 l 주손디앤피
제본 l 주손디앤피

ISBN 978-89-04-16454-7 (03230)

저작권자의 허락 없이 이 책의 일부 또는 전체를
무단 복제, 전재, 발췌하면 저작권법에 의해 처벌을 받습니다.

| 이 책의 주요 저자들 |

R.C. 스프로울
'리고니어 미니스트리'의 설립자이자 대표이며, '리고니어 신학원'의 학장이다. 플로리다 샌포드의 세인트 앤드류 교회에서 설교 목사로 활동하고 있으며 80권이 넘는 책을 저술했다.

존 맥아더
남부 캘리포니아 그레이스 커뮤니티 교회에서 40년 동안 목회자로 사역해 왔으며, '마스터스 대학과 신학원' 학장으로도 활동하고 있다. 400권이 넘는 책과 스터디 가이드를 저술했다.

존 파이퍼
미네소타 미니애폴리스의 베들레헴 침례교회에서 30년 넘게 목회자로 사역했으며, 30권이 넘는 책을 저술했다.

조엘 비키
미시건 그랜드 래피즈의 '청교도 개혁주의 신학원'의 설립자이자 학장이다. 조직신학과 설교학을 가르치고 있으며, 그랜드 래피즈의 네덜란드 개혁교회를 담임하고 있다. 단독으로, 혹은 공동으로 70권에 달하는 책을 저술하거나 편집했다.

스티븐 로슨

앨라배마 모빌의 크라이스트 펠로십 침례교회를 담임하고 있다. 16권의 책을 저술했으며, 30년 동안 목회자로 사역하고 있다.

로버트 갓프리

캘리포니아 '웨스트민스터 신학원'의 학장이며 '고백적 복음주의자 연합회'의 위원이다.

리처드 필립스

사우스캐롤라이나 그린빌의 제2장로교회 담임목사이며, 작고한 제임스 보이스가 설립한 '필라델피아 개혁신학 협회'의 의장이다. 21권의 책을 저술했다.

하이웰 존스

2000년 이후부터 캘리포니아 '웨스트민스터 신학원'에서 실천신학 교수로 재직 중이다. 이전에는 '배너사(Banner of Truth Trust)'에서 4년 동안 편집장으로 일했고, 1977년에 '런던 신학원'이 설립되자 그곳에서 강사로 활동하다 1985년에는 학장에 취임했다. 1963년에 웨일스 장로교회에서 목사 안수를 받은 후에는 여러 목회지에서 교회를 섬겼다. 최근, 히브리서, 욥기, 시편 119편, 빌립보서에 관한 주석을 출간했다.

마이클 헤이킨

켄터키 루이스빌의 '남침례교 신학원'에서 교회사와 성경적인 영성을 가르치는 교수로 재직하고 있으며, 10권의 책을 저술했다.

필 존슨

'그레이스 투 유'의 이사이다. 1981년 이후부터 존 맥아더와 긴밀한 관계를 맺어 오며, 존 맥아더의 중요한 책들을 대부분 편집했다. '무디 성경학교'에서 학사 학위를 취득했고, 그레이스 커뮤니티 교회에 오기 전까지 무디 출판사의 편집장으로 일했으며 직접 운영하는 여러 개의 인기 웹사이트(The Spurgeon Archive, The Hall of Church History 등)로 유명해졌다. 현재 그레이스 커뮤니티 교회의 장로로서 '그레이스라이프 펠로십 그룹'을 담임하고 있다.

브루스 비켈

'트랜스포메이셔널 리더십 그룹'의 설립자이자 대표이다. Light and Heat: The Puritan View of the Pulpit을 저술했다.

편집

돈 키슬러

'솔리 데오 글로리아' 출판사의 설립자인 동시에 '노샘프턴' 출판사의 설립자 겸 대표이기도 하다. 2권의 책을 저술했고, 400권이 넘는 책을 편집했는데, 편집한 책들 가운데는 청교도의 저서를 처음으로 재출판한 책들이 대부분을 차지한다.

| 머리글 |

 기도에 관한 책은 여전히 필요한가? 이 질문에 대한 나의 대답은 "그렇다."이다. 기도에 대한 책이 셀 수 없을 만큼 많지만, 아직도 많은 사람들이 여전히 기도에 대한 오해를 가지고 있다. 이 책은 기도의 방법론을 다루지 않는다.
 "우리가 이렇게 하면, 하나님이 저렇게 해 주실 거야."
 "우리가 원하는 것을 하나님께로부터 어떻게 얻을 수 있을까?"
 "이것이 기도의 공식이다."
 이런 식의 내용을 이 책에서는 다루지 않는다.
 나는 얼마 전 사람들과 함께 기도하던 중, 대다수로부터 마치 쇼핑 목록을 나열하듯 필요한 사항들을 하나님께 장황하게 늘어놓는 것을 기도로 착각하는 듯한 인상을 받았다. 그들의 기도는 주로 본인이나 가까운 사람들의 병을 고쳐 달라는 내용이었다.

마치 뉴스를 전하듯 세상에서 일어나는 일들 가운데 하나님이 잘 모르거나 간과하고 계시는 일들을 상기시켜 드리겠다는 투의 기도가 이루어질 때가 많다.

몇 년 전, 주일 저녁 예배를 드릴 때의 일이다. 기도를 부탁받은 한 장로님이 이렇게 기도했다.

"주님, 주님은 혹시 모르실지 몰라도, 지금 아무개 부인이 병원에 입원해 있습니다."

그 말을 듣는 순간, '그 사실을 알고 있을 수도 있고 모르고 있을 수도 있는, 그런 하나님께 왜 애써 기도하는 것일까?'라는 의문이 생겨났다. 물론, 예수님은 필요한 것을 하나님께 구하라고 말씀하셨다. 이 사실을 부인할 생각은 없다. 필요한 것을 구하는 것도 엄연히 기도에 해당하기 때문이다. 그러나 그것이 기도의 전부는 아니다.

많은 설교자들이 기도를 "하나님과의 대화"라고 설명하지만, 하나님이 말씀하시게 해야 한다고 강조하는 경우는 그리 많지 않다. 대화란 쌍방이 하는 것 아닌가? 한 사람만 줄곧 말한다면, 그것을 어떻게 대화라고 할 수 있겠는가?

여러 저자가 이 책을 함께 편찬한 이유는 하나님이 이끄시고, 나아가 그분이 초점이요 중심이 되는 기도를 드려야 한다는 점을 여러 시각에서 일깨우기 위해서다. 예수님과 바울 사도의 기도만 보더라도 기도가 하나님으로부터 시작해 하나님으로 끝남을 알 수 있다.

이 책의 저자들은 사전에 서로 의견을 교환한 적이 없다. 따라서 내용의 일부가 겹치는 경우도 있으나, 그들이 강조하는 요점은 반복해도 좋을 만한 가치를 지닌다.

제자들이 예수님께 "저희에게 기도하는 법을 가르쳐 주소서."라고 말하지 않고, "기도를 가르쳐 주소서."라고 말한 것은 매우 의미심장하다. 주님이 이 책을 도구로 삼아 우리에게 기도를 가르치시고, 성경의 가르침에 따라 하나님께 합당한 태도로 기도할 수 있도록 도와주시기를 바란다.

돈 키슬러

contents

■ 서론 _돈 키슬러

chapter 1
왜 기도해야 하는가? _R.C. 스프로울 · 17
왜 기도해야 하는가 | 과연 기도는 상황을 변화시키는가? | 기도를 들으시는 하나님

chapter 2
기도는 예배다
예배로서의 기도 _존 맥아더 · 31
예레미야의 기도 | 다니엘의 기도 | 요나의 기도 | 아버지이신 하나님에 대한 믿음 | 하나님을 가장 우선시 하는 태도 | 하나님의 나라를 사모하는 마음

chapter 3
기도는 고백이다 _존 파이퍼 · 61

chapter 4

기도는 탄원서다
중보사역으로서의 기도 _ 조엘 비키 · 75

기도의 출발점 | 단순한 기도가 아닌 탄원 | 아버지여, 주님을 올바로 알게 해주소서 | 아버지여, 우리로 하여금 주님께 영광을 돌리게 하소서 | 아버지여, 삶을 통해 주님의 영광을 드러내게 하소서

chapter 5

기도는 능력이다
예수님의 이름으로 드리는 기도 _ 스티븐 로슨 · 105

백지 수표(?) | 가망성도 없고, 보잘 것도 없었던 집단 | 제자들이 지닌 엄청난 가능성 | 제자들에게 주신 엄청난 약속 | 중요한 선행 조건 | 하나님의 목적 | 놀라운 능력

chapter 6

기도는 호소다
하나님의 뜻을 구하는 간절한 기도 _ 로버트 갓프리 · 131

히스기야의 문제 | 히스기야의 호소

chapter 7

기도는 선포다
하나님의 주권을 인정하는 기도 _ 리처드 필립스 · 147

기도와 하나님의 주권은 서로 양립할 수 있는가 | 하나님의 주권과 기도의 관계 | 홀을 내미시는 왕

chapter 8

기도는 특권이다
예수님의 이름으로 시작하는 기도 _ 하이웰 존스 · 169

제자들은 그때까지 예수님의 이름으로 성부 하나님께 기도한 적이 없었다 | 제자들은 그때까지 예수님의 이름으로 성부 하나님께 기도할 수 없었다 | 제자들은 예수님의 이름으로 성부 하나님께 기도하게 될 것이다 | 그리스도인의 기도

chapter 9

기도는 공동체 무기다
부흥을 일으키는 기도 _ 마이클 헤이킨 · 195

기도의 사람: 조나단 에드워드 | 기도 콘서트 | 『겸손한 시도』에 나타난 합심 기도 | 특별한 기도 요청 | 기도 모임의 열매

chapter 10

기도는 기다림이다

간절한 마음으로 드리는 기도 _ 필 존스 · 223

엘리야는 홀로 기도했다 ∣ 엘리야는 간절히 기도했다 ∣ 엘리야는 끈기 있게 기도했다

chapter 11

기도는 전쟁의 함성이다

영적 전투로서의 기도 _ 브루스 비켈 · 251

- 후기
- 주

chapter 1

왜 기도해야 하는가?

R.C. 스프로울

기도란 우리에게 필요한 모든 것을 위해 하나님의 능력과 긍휼을 의지해야 한다는 사실을 기꺼이 인정하고, 나아가 모든 선의 근원이요 창시자이신 하나님께 합당한 영광을 돌리는 것을 의미한다. 인간의 편에서 볼 때, 하나님이 우리의 기도를 요구하시는 이유는, 열정적인 기도가 여러 가지 측면에서 마음을 준비시키는 역할을 하기 때문이다. 기도는 우리의 부족함을 의식하게 만든다. 따라서 기도를 통해 우리가 구하는 긍휼을 받을 수 있는 준비를 더욱 잘 갖출 수 있다.

하나님이 모르시는 것이나 그분의 능력이 미치지 않는 것은 아무것도 없다. 단 하나의 분자라도 전능하신 하나님의 지배와 통제에서 벗어나 우주를 제멋대로 떠돌아다닌다고 생각하면, 나는 잠을 편히 이룰 수 없다. 미래에 대한 나의 확신은 역사를 다스리시는 하나님을 신뢰하는 믿음에 근거한다.

그렇다면, 하나님은 어떻게 그런 통제력을 발휘하시고, 그런 권위를 행사하실까? 하나님은 주권적으로 작정하신 일을 어떻게 이루어 나가실까?

아우구스티누스는 우주에서 일어나는 일 가운데 하나님의 뜻과 무관한 것은 하나도 없으며, 모든 일은 그분이 주관하신다고 말했다. 물론, 그가 인간에게는 아무 책임이 없다고 말한 것은 아니다.

그러나 이러한 질문이 생길 수 있다.

"하나님이 모든 것을 주관하신다면, 왜 기도해야 하는가?"

"과연 기도가 상황을 바꿀 수 있는가?"

첫 번째 질문에 대한 대답은, 주권자이신 하나님이 기도를 명령하셨다는 것에서 찾을 수 있다. 기독교인에게 기도는 선택사안이 아닌 하나님의 명령인 셈이다.

"기도해도 아무것도 달라지지 않는다면요?"

그러나 그것은 핵심을 벗어난 질문이다. 우주의 주인이요 만물의 창조주이자 유지자이신 하나님이 기도를 명령하셨다면, 그렇게 할 만한 충분한 이유가 있기 때문이다. 더욱이, 하나님은 기도를 명령하셨을 뿐 아니라, 필요한 것을 구하라고 말씀하셨다.

야고보는 우리가 얻지 못하는 것은 구하지 않기 때문이며, 의인의 기도는 많은 것을 이룬다고 말했다(약 4:2; 5:16). 그 외에도 성경은 여러 곳에서 기도의 중요성을 강조하고 있다.

칼빈은 『기독교 강요』에서 기도에 관한 깊은 통찰력을 보여준다.

"우리가 어떻게 괴로움을 당하고 있고, 또 무엇이 우리에게 편리한지 굳이 상기시켜 드리지 않아도 하나님은 다 알고 계시지 않은가? 그러니 그분이 잠을 주무시거나 졸음을 느껴 잠시 눈을 감고 계시다가 우리의 목소리에 깜짝 놀라 깨어나기라도 하시는 것처럼, 우리의 기도로 그분의 주위를 환기시키는 것은 괜한 군더더기가 아닌가?"라고 물을지도 모르겠다.

그러나 그렇게 생각하는 사람은 주님이 자기 백성에게 기도를 요구하신 목적을 바로 이해했다고 할 수 없다. 그분이 기도를 명령하신 목적은 그분 자신이 아닌 우리를 위해서다. 우리가 바라고 생각하는 모든 것, 곧 우리를 유익하게 해주는 것이 모두 하나님에게서 비롯한다는 사실을 기도를 통해 확실히 인정함으로써, 그분이 마땅히 받으셔야 할 것을 받으시게 하라는 것이 우리를 향한 그분의 뜻이다. 따라서 경건한 교부들은 그들 자신과 다른 사람들에게 주어진 하나님의 축복을 더욱 높이 칭송하면 할수록, 기도에 더 많은 열정을 쏟아부었다.

하나님께 기도하는 것은 매우 중요하다. 첫째, 기도하면, 어려움이 있을 때마다 하나님을 우리를 지탱해 줄 거룩한 닻으로 여겨, 얼른 그분께 달려가 도우심을 구하는 습관이 생겨날 뿐 아니라 우리의 마음에서 하나님을 구하고, 사랑하고, 섬기려는 뜨거운 열정이 늘 활활 타오를 것이다. 둘째, 기도하면, 하나님 앞에 우리의 모든 소원을 솔직하게 아뢰고 우리의 마음을 온전히 쏟아부을 수 있을 뿐 아니라 그분 앞에서 부끄럽게 여겨야 할 소원이나 바람을 마음에 품지 않게 될 것이다. 셋째, 기도하면, 하나님의 축복을 감격스런 마음으로 감사히 받아들일 수 있다. 기도는 우리가 누리는 모든 축복이 하나님께로부터 비롯되었다는 사실을 상기시켜 준다.[1]

신앙생활의 다른 모든 요소와 마찬가지로, 기도도 첫째는 하나님의 영광을 위한 것이고, 둘째는 우리의 유익을 위한 것이다. 이 순서가 올바로 유지되어야 한다. 하나님이 행하시고, 허락하시고, 작정하시는 것은 모두 궁극적으로 그분의 영광을 위한 것이다. 그러나 하나님이 스스로 영광을 받으실 때 인간도 함께 축복을 누리게 된다.

우리가 기도하는 이유는 하나님을 영화롭게 하는 동시에, 그분이 기도를 통해 허락하시는 은혜와 축복을 누리기 위해서다. 하나님이 처음부터 모든 것을 다 알고 계신다고 해도 기도는 우리에게 큰 유익을 준다. 유한자인 우리가 무한하신 하나님 앞에 나아갈 수 있다는 것 자체가 참으로 큰 특권이다.

왜 기도해야 하는가

종교개혁의 핵심 원리 가운데 하나는 세상 만물이 하나님의 통치를 받으며, 그분 앞에서, 그분의 영광을 위해 존재한다는 것이다. 기도는 자기 치료를 위한 독백이니 종교적인 주문과는 거리가 멀다. 기도는 인격이신 하나님과의 대화로, 나의 삶을 하나님 앞에 온전히 드러내는 행위다. 하나님은 나의 모든 생각을 알고 계시지만, 나는 나의 마음을 그분께 소상히 아뢰는 특권을 누린다. "와서 내게 말하라. 네 필요한 것을 말하라"고 말씀하시는 하나님께 내 자신을 아뢰고, 그분을 더 깊이 알기 위해 그분께 나아간다.

"하나님이 모든 것을 알고 계시는데 왜 기도해야 하나?"

이런 질문은 기도가 일차원적인 행위에 불과하다는 생각, 곧 단순히 간구나 청원을 하는 수단이라는 생각에서 비롯한다. 하지만 기도는 다양한 차원을 지닌 활동이다. 하나님의 주권과 예지와 작정을 믿는다 해도 얼마든지 경배의 기도, 찬양의 기도를 드릴 수 있으니 말이다. 하나님의 주권을 생각한다면, 오히려 그분을 숭앙해야 할 이유가 더욱 분명해진다. 입을 열기도 전에 하나님께서는 내가 무슨 말을 할 것인지를 다 알고 계신다는 사실을 생각한다면, 내 기도가 제한받는 것이 아니라, 더욱 아름다운 찬양을 드릴 수 있게 된다.

나와 아내는 어느 누구보다 가까운 사이라서 아내가 말을 꺼내기도 전에 나는 그녀가 무슨 말을 하려고 하는지 알 때가 많다. 아내의 경우도 마찬가지다. 그래도 나는 아내의 말을 듣고 싶어 한다. 인간도 이와 같은데, 하나님은 더욱 그렇지 않겠는가?

하나님께 자신의 가장 깊은 생각을 털어놓을 수 있다는 것은 무엇과도 견줄 수 없는 특권이다. 물론, 하나님이 우리의 속마음을 알아서 헤아려 주시기를 바라며, 그저 묵묵히 앉아 있는 것을 기도라고 할 수도 있다. 하지만 엄밀히 말하면, 이는 교제도 아니고 교통도 아니다. 인간은 언어를 통해 의사를 교환하는 피조물로, 기도는 언어의 형태로 하나님과 교제를 나누며 의사를 소통하는 수단이다.

하나님의 주권을 인정하면 적어도 우리 마음에 그분을 향한 경외심이 생기기에, 하나님의 주권은 기도에 대한 우리의 태도에 큰 영향을 준다. 하나님의 주권을 옳게 이해하면, 열정을 다해 감사의 기도를 드릴 수밖에 없으며, 모든 축복이 모두 하나님의 풍성한 은혜에서 비롯된다는 사실을 깨닫지 않을 수 없다. 하나님의 주권을 깊이 이해할수록, 우리의 기도에는 감사가 더욱 넘치게 된다.

물론 하나님의 주권에 관한 섣부른 지식이 때로는 회개나 자백의 기도를 드리는 데 부정적인 영향을 미치기도 한다. 자신의 죄가 궁극적으로 하나님의 책임이라며, 하나님께 죄의 책임을 뒤집어씌운다. 그러나 참 신자는 하나님께 죄의 책임을 떠넘길 수 없음을 잘 알고 있다. 하나님의 주권과 인간의 책임이 어떤 관계를 맺고 있는지는 잘 모른다고 해도, 우리의 사악한 마음에서 나오는 죄를 하나님의 뜻으로 돌려서는 안 된다.

과연 기도는 상황을 변화시키는가?

그렇다면 간구와 중보기도는 어떠한가? 종교적 유익이든, 영적, 심리적 유익이든, 기도를 통해 유익을 얻는다면 바람직한 일이다. 하지만 우리는 "기도가 실제로 무슨 차이를 만들어내는가? 기도는 무엇을 변화시키는가?"를 생각해 보아야 한다. 누군가 내게 표현을 약간 달리해 이렇게 물은 적이 있었다.

"기도는 하나님의 뜻을 바꿀 수 있나요?"

나는 이 질문에 "아닙니다."라고 잘라 말했지만, 그가 "기도는 상황을 바꿀 수 있나요?"라고 물었다면, "네, 물론이지요."라고 대답했을 것이다.

성경을 보면 하나님이 영원 전에 작정하신 일이 있음을 알게 된다. 그러한 일은 반드시 일어난다. 홀로 기도하든 서로 합심해서 기도하든, 온 세상의 모든 기독교인이 모여 한 목소리로 함께 기도하든, 하나님이 은밀한 경륜 속에서 결정하신 일은 바꿀 수 없다. 그리스도께서 재림하지 않도록 해달라고 아무리 열심히 기도해도, 예수님의 재림은 취소되지 않는다.

"두세 사람이 합심해서 기도하면, 무엇이든 이룰 수 있다는 것이 성경의 가르침 아닌가요?"라고 물을지도 모르겠다. 물론, 그렇다. 그러나 그 말씀은 일반적인 기도에 대한 말씀이 아니라 교회의 권징을 가르치고 있는 말씀이다. 기도에 관한 성경의 가르침을 모두 고려해야지, 어떤 구절 하나를 나머지 문맥과 따로 떼어내 그 성경 구절 하나만을 크게 부각시키는 것은 잘못이다.

또한 "성경은 때로 하나님이 뜻을 돌이키신다고 가르치지 않습니까?"라고 물을 수도 있을 것이다. 물론, 구약 성경을 보면 이따금 그런 구절이 나온다.

요나서에도 하나님이 니느웨 백성을 심판하실 생각을 "돌이키셨다"는 표현이 사용된다. 성경은 "뜻을 돌이키다", 또는 "후회하다"와 같은 표현을 사용해 영이신 하나님을 의인화해서 묘사하는데, 신학자들은 이를 '신인동형적' 표현이라고 설명한다.

인간이 자신의 뜻을 바꾸는 것처럼 하나님이 잘못 판단하셔서 자신의 생각을 바꾸셨다고 생각하는 것은 잘못이다. 요나서의 말씀은 하나님이 심판의 위협을 거두셨다는 뜻이다. "뜻을 돌이키사(KJV 참조)"로 번역된 히브리어 '나캄'은 "위안을 얻다" 또는 "안심하다"를 의미한다. 즉, 하나님은 니느웨 백성이 죄에서 돌이키자 분노를 푸시고 심판의 선고를 철회하신 것이다.

하나님은 사람들에게 심판의 칼날을 겨누시지만, 그들이 회개하면 심판을 철회하신다. 그렇다면, 하나님은 마치 카멜레온처럼 자신의 뜻을 바꾸시는 분인가?

하나님의 뜻은 결코 변하지 않는다. 하지만 그분의 뜻은 '일(thing)'과는 다르다. 일은 변한다. 일은 하나님의 주권적인 뜻에 따라 변한다. 하나님은 이차적인 수단과 활동을 통해 자신의 주권을 행사하시는데, 신자들의 기도는 세상에서 하나님의 사역을 이루시는 수단 가운데 하나다. 따라서 기도가 일과 상황을 변화시킬 수 있느냐고 묻는다면, 나는 주저하지 않고 "그렇다."라고 대답할 것이다.

인간 역사 가운데 하나님이 직접 개입하신 일이 얼마나 되고, 또 하나님이 인간을 도구로 사용해 행하시는 일이 얼마나 많은지는 정확히 알 길이 없다.

칼빈은 이 점을 설명하기 위해 구약 성경의 욥기를 즐겨 사용했다. 스바와 갈대아 사람들이 욥의 나귀와 낙타를 빼앗아갔는데, 그 이유는 사탄이 그렇게 하도록 선동했기 때문이다. 사탄이 그렇게 할 수 있었던 이유는 욥의 생명만 빼앗지 말고 그의 충실한 믿음을 마음껏 시험해 보라고 하나님이 허락하셨기 때문이다.

하나님은 왜 그런 일에 동의하셨을까?

그 이유는 세 가지다.

첫째는 사탄의 비방을 그치게 하고, 둘째는 하나님 스스로를 옹호하고, 셋째는 사탄의 비방으로부터 욥을 보호하기 위해서였다. 이 세 가지 이유에서 하나님의 행동은 온전히 정당했다.

반면에 사탄이 스바 사람과 갈대아 사람을 선동했던 이유는 욥을 자극해 하나님을 모욕하도록 만들기 위한 사악한 동기 때문이었다. 사탄은 인간을 도구로 사용해 욥의 가축을 빼앗았다. 당시 스바와 갈대아 사람들은 절도와 살인으로 악명이 높았다. 그들의 행위는 그들의 의지에 따른 것이지, 외부적인 강요는 없었다. 그러나 그들의 사악한 행위는 하나님의 목적을 이루는 데 이바지했다.

스바와 갈대아 사람들은 선택의 자유가 있었지만, 우리의 경우처럼 그들의 자유에는 한계가 있었다. 우리는 인간의 자유와 인간의 자율성을 혼동해서는 안 된다. 하나님의 주권과 인간의 자율성 사이에는 항상 갈등이 존재하지만, 하나님의 주권과 인간의 자유는 서로 충돌되지 않는다. 성경은 인간이 자유롭지만, 절대적인 차원에서 자율성을 발휘할 수 없다고 가르친다.

스바와 갈대아 사람들이 "우리를 시험에 들게 하지 마옵시고 다만 악에서 구하옵소서."라고 기도했다고 가정해 보자. 그래도 욥은 가축을 강탈당했을 것이 분명하다. 하나님은 이들의 기도에 응답하셨을 것이지만, 욥의 가축을 탈취할 다른 대리자를 사용하셨을 것이다. 인간의 자유에는 한계가 있다. 그러한 한계 속에서 우리의 기도는 상황을 바꿀 수 있다. 엘리야는 하나님의 주권을 믿었지만, 결코 기도를 포기하지 않았다.

기도를 들으시는 하나님

예수님보다 하나님의 주권을 더 깊이 이해한 분은 없지만, 예수님만큼 열정을 다해 기도를 드린 분도 없다. 예수님은 겟세마네에서 다른 길이 있다면 허락해 달라고 기도하셨지만, 그는 결국 성부 하나님의 뜻에 온전히 복종하셨다.

하나님의 주권이란, 하나님이 그 뜻하신 목적에 따라 상황을 다스려 나가시는 것을 의미한다. 기도는 하나님의 뜻은 바꿀 수 없지만 상황은 바꿀 수 있다. 성경은 "의인의 간구는 역사하는 힘이 큼이니라"(약 5:16)고 약속하지만, 문제는 우리가 그만큼 의롭지 못하다는 데 있다.

기도는 무엇보다 우리의 사악하고 강퍅한 마음을 변화시킨다. 이 한 가지만으로도 우리가 기도해야 할 이유는 충분하다. 조나단 에드워즈는 "기도를 들으시는 지극히 높으신 하나님"이라는 설교에서 하나님이 기도를 요구하시는 두 가지 이유를 제시했다.

하나님의 편에서 볼 때, 기도는 우리가 하나님을 의지하는 의존자로서 그분의 영광을 위해 존재한다는 사실을 솔직히 인정한다는 표시다. 하나님이 만물을 창조하신 이유는 영광을 받으시기 위해서다. 따라서 피조물은 하나님을 인정하고 영화롭게 해야 한다. 하나님이 자신의 은혜를 입은 백성에게 기도를 요구하시는 것은 매우 당연하다. 기도란 우리에게 필요한 모든 것을 위해 하나님의 능력과 긍휼을 의지해야 한다는 사실을 기꺼이 인정하고, 나아가 모든 선의 근원이요 창시자이신 하나님께 합당한 영광을 돌리는 것을 의미한다.

인간의 편에서 볼 때, 하나님이 우리의 기도를 요구하시는 이유는, 열정적인 기도가 여러 가지 측면에서 마음을 준비시키는 역할을 하기 때문이다. 기도는 우리의 부족함을 의식하게 만든다. 따라서 기도를 통해 우리가 구하는 긍휼을 받을 수 있는 준비를 더욱 잘 갖출 수 있다. 하나님께 기도를 드리면, 그분을 의존해야만 우리가 구하는 긍휼을 얻을 수 있다는 사실을 깊이 의식하고 생각할 수 있는 마음이 생겨날 뿐 아니라, 그분의 충족하심을 믿는 믿음을 적절히 발휘해 긍휼하심을 입었을 때 그분의 이름을 영화롭게 할 수 있다.[2]

하나님이 행하시는 일은 무엇이든, 첫째는 하나님 자신을 위해서고, 둘째는 우리의 유익을 위해서다. 우리가 기도해야 하는 이유는 기도가 하나님의 명령이요, 그분을 영화롭게 하고 우리를 유익하게 하는 수단이기 때문이다.

chapter 2

기도는 예배다
: 예배로서의 기도

존 맥아더

경건한 기도는 소원을 나열한 목록과는 거리가 먼, 근본적으로 예배 행위에 해당한다. 기도는 하나님의 뜻이 이루어지기를 바라고, 모든 필요를 그분께 의지하며, 우리의 무가치함을 고백하고, 하나님을 찬양하는 표현 수단이다. 따라서 기도의 모든 측면은 다 예배 행위다. 기도에 요청이 포함되는 이유는 기도와 간구와 감사함으로 아무 걱정 없이 하나님께 우리의 필요를 아뢰어야 하기 때문이다. 우리는 기도를 통해 하나님의 주권을 인정하고, 우리가 그분의 은혜와 능력에 전적으로 의존해 있다는 사실을 고백하며, 하나님을 하늘의 산타클로스가 아닌 주님이자 시혜자요, 우주의 통치자로 바라본다. 참된 기도는 간구를 할 때조차도 순전한 예배의 의미를 지닌다.

성경에 나오는 기도들을 살펴보면, 한결같이 모두 간결하고 단순하다. 절박한 상황에서 마음에 우러나오는 대로 아무 가식 없이 드리는 기도이니 당연히 그럴 수밖에 없을 것이다. 말에 군더더기가 많고 수다스럽다는 것은 진지함이 부족하다는 증거인데, 기도의 경우는 특히 더 그렇다.

누가복음 18장 13절에 나오는 세리의 기도는 매우 간결하고 핵심적이다. 그는 이렇게 기도했다.

"하나님이여, 불쌍히 여기소서 나는 죄인이로소이다."

십자가의 강도가 드린 기도도 마찬가지였다. 그의 기도는 이랬다.

"예수여, 당신의 나라에 임하실 때에 나를 기억하소서."(눅 23:42)

이들의 기도는 물위를 걷다가 다급히 도움을 부르짖었던 베드로의 기도와 일맥상통한다.

"주여, 나를 구원하소서."(마 14:30)

베드로의 이 기도는 이따금 성경에서 가장 짧은 기도로 인용되곤 한다. 성경에는 긴 기도가 그리 많지 않다.

잘 알다시피, 시편 119편은 성경에서 가장 긴 장인데 대부분은 하나님께 드리는 기도의 형태를 취한다. 그 다음으로 가장 긴 기도는 느헤미야 9장 5-38절에 기록된 기도로 감정을 실어 읽으면 다 읽는데 7분이 족히 걸린다. 요한복음 17장은 신약 성경에서 가장 긴 기도에 해당하는데, 예수님의 기도인 이 기도는 모두 26개 절로 이루어져 있다.

성경은 예수님이 종종 오랜 시간 홀로 기도하셨다고 기록한다(마 14:23, 막 6:46). 따라서 예수님은 요한복음 17장의 기도보다 훨씬 더 긴 기도를 드리셨을 것이 분명하다. 상황이 허락할 때는 밤새도록 기도하신 적도 있었다(눅 6:12). 혼자서, 또는 제자들과 함께 기도하는 것은 예수님의 습관이었다(요 18:2).

그런데 여기에서 드러나는 한 가지 뚜렷한 특징은 예수님이 홀로 기도하실 때는 길게 기도하셨고, 대중 앞에서 기도하실 때는 명확하고 간결한 말로 힘 있게 기도하셨다는 점이다.

제자들은 예수님의 기도를 직접 듣기도 하고, 그분이 홀로 오래 기도하시는 모습을 지켜보면서 기도의 열망을 느꼈던 듯하다. 그래서 예수님께 "우리에게도 기도를 가르쳐 주옵소서"(눅 11:1)라고 요청했고 이에 예수님은 산상 설교를 통해 가르치셨던 기도와 똑같은 기도를 가르치셨다.

우리는 이 기도를 "주기도"라고 일컫지만, 사실은 "제자들의 기도"라고 일컬어야 마땅하다. 왜냐하면 하나님의 용서를 구하는 기도가 포함되어 있기 때문이다. 예수님은 용서를 구할 필요가 없으신 분 아닌가. 다른 모든 훌륭한 기도처럼, 이 기도 역시 간결하고 꾸밈없다는 특성을 드러낸다. 공허한 반복이나 불필요한 말, 또는 형식적이거나 의례적인 요소가 전혀 눈에 띄지 않는다.

"너희는 기도할 때에 이렇게 하라 아버지여 이름이 거룩히 여김을 받으시오며 나라가 임하시오며 우리에게 날마다 일용할 양식을 주시옵고 우리가 우리에게 죄 지은 모든 사람을 용서하오니 우리 죄도 사하여 주시옵고 우리를 시험에 들게 하지 마시옵소서 하라"(눅 11:2-4).

이 기도는 마음이나 열정을 싣지 않고 그저 중얼거릴 수 있는 주문이 아니다. 제자들이 본받아야 할 기도의 본보기였다. 예수님이 가르치신 기도에 포함된 다양한 요소(찬양, 간구, 회개, 성화의 은혜)는 우리의 기도에 무엇을 포함시켜야 할지를 잘 보여 준다.

이는 기도의 핵심 요소일 뿐 아니라 참된 예배의 가장 중요한 특징에 해당한다. 기도와 예배의 유사 관계는 결코 우연이 아니다. 기도는 예배의 본질을 고스란히 간직하고 있다.

자기중심적이고 주관적이며, 욕구를 충족시키는 데에만 열중하는 종교가 만연한 시대에, 기도를 이러한 관점으로 생각하기 힘들다.

수많은 사람이 기도를 단지 하나님께 원하는 것을 구하는 수단으로만 생각한다. 그런 경우, 기도는 원하는 것을 얻는 미신적인 수단으로 전락할 수밖에 없다. 심지어 어떤 사람들은 구하는 대로 들어주는 것이 하나님의 의무라고 가르치기도 한다. 의심을 버리고 오직 믿기만 하면, 하나님이 구하는 것을 다 허락해 주실 수밖에 없다고 가르치는 설교자들이 너무도 많다.

그들이 말하는 "믿음"은 "긍정적인 사고"를 곁들인 맹목적인 신뢰에 지나지 않는다. 그들은 우리가 원하는 것이 과연 하나님의 뜻에 부합하는지를 판단하는 데 필요한 성경적인 생각까지도 "의심"이라고 간주한다. 이는 성경이 정의하는 믿음이나 의심과는 전혀 무관하다. 하나님의 뜻에 어긋나는 기도를 드렸다면, 그 기도를 "믿음의 기도"(약 5:15)라고 일컬을 수 없다.

비단 은사주의자들만 기도를, 소원을 나열한 목록으로 생각하는 것은 아니다. 지난날의 복음주의의 주류를 형성하고 있는 신자들 가운데도 기도의 목적을 혼동하는 사람들이 적지 않다.

영향력 있는 목회자 가운데 한 명인 존 라이스는 1942년에 『기도-구하는 것과 받는 것』이라는 베스트셀러를 펴냈다. 그는 이 책에서 "기도는 찬양, 경배, 묵상, 겸손, 고백이 아니라 구하는 것이다.……찬양은 기도가 아니고, 기도는 찬양이 아니다. 기도는 구하는 것이다.……경배는 기도가 아니고, 기도는 경배가 아니다. 기도는 구하는 것이다. 구하는 것, 오직 그것만이 기도다."라고 말했다.[1]

이런 관점에는 몇 가지 문제가 있다. 첫째, 예수님이 가르치신 기도는 "구하는 것" 이상의 차원을 지닌다. 물론, 거기에는 일용할 양식(최소한의 물질적 필요)과 용서(가장 긴급한 영적 필요)를 구하는 기도가 포함되어 있다. 그러나 예수님이 제자들에게 가르치신 기도는 라이스 박사가 기도를 정의하면서 배제시킨 다섯 가지 요소 가운데 최소한 네 가지 요소(찬양, 경배, 겸손, 고백)를 포함하고 있다.

주기도에서 찬양과 회개를 제거하면, 알맹이를 빼는 것과 같다. "구하는 것, 오직 그것만이 기도다."라고 주장한다면, 예수님이 가르치신 기도를 통해 배울 수 있는 핵심 교훈 가운데 하나, 기도는 무엇보다 예배의 행위라는 교훈을 부인할 수밖에 없다. 더욱이, 그런 가르침은 기도하는 사람과 기도를 들으시는 하나님의 역할을 뒤집는다.

성경은 하나님이 주권자이시고, 우리는 그분의 종이라고 가르친다. 그러나 "무엇이든 원하는 것을 말하고 구하라."는 식의 신학은 인간을 주권자로, 하나님을 인간의 종으로 만든다. 기도하는 사람은 요구하고 명령하는 위치에 있고, 하나님은 구하는 것을 무엇이든 들어주어야 하는 종의 역할을 감당해야 한다. 그런 가르침은 성경적 기독교가 아니라 이교사회의 기복 신앙과 공통점이 더 많다.[2]

기도는 구하고 받는 것을 훨씬 뛰어넘는 차원을 지닌다. 은혜의 보좌 앞에 담대히 나아가 하나님께 우리의 필요를 아뢰는 것은 참으로 놀라운 특권이 아닐 수 없다(히 4:16, 빌 4:6). 물론 성경은 무엇이든 믿음으로 구하면 하나님이 응답하신다고 거듭 강조한다. 하지만 이 말은 성령의 감동에 이끌려 하나님의 뜻에 일치하는 것을 구하면 하나님이 너그럽고 은혜롭게 응답하신다는 뜻이다(마 7:7-11, 17:20, 21:22, 막 11:24, 약 1:6, 요일 3:22).

하나님은 종종 "우리가 구하거나 생각하는 모든 것에 더 넘치도록"(엡 3:20) 베풀어 주신다. 그러나 믿음으로 드리는 참된 기도의 본질은 요한일서 5장 14절에 명확히 드러나 있다.

요한은 "그를 향하여 우리가 가진 바 담대함이 이것이니 그의 뜻대로 무엇을 구하면 들으심이라"고 말했다. 기도 응답의 약속은 아무 조건 없는 백지 수표를 의미하지 않는다. 기도 응답의 약속은 올바른 믿음으로 성경의 가르침을 따르는 신자, 곧 충실하고 순종적인 신자가 하나님의 뜻대로 구하는 기도에만 적용된다.

어리석고 미신적인 광신주의자들이 예수님의 이름으로 "아브라카다브라"를 외쳤다 한들 기도 응답을 받을 수는 없다. 예수님은 "너희가 내 안에 거하고 내 말이 너희 안에 거하면 무엇이든지 원하는 대로 구하라 그리하면 이루리라"(요 15:7)고 말씀하셨다.

경건한 기도는 소원을 나열한 목록과는 거리가 먼, 근본적으로 예배 행위에 해당한다. 기도는 하나님의 뜻이 이루어지기를 바라고, 모든 필요를 그분께 의지하며, 우리의 무가치함을 고백하고, 하나님을 찬양하는 표현 수단이다.

따라서 기도의 모든 측면은 다 예배 행위다. 기도에 요청이 포함되는 이유는 기도와 간구와 감사함으로 아무 걱정 없이 하나님께 우리의 필요를 아뢰어야 하기 때문이다(빌 4:6). 우리는 기도를 통해 하나님의 주권을 인정하고, 우리가 그분의 은혜와 능력에 전적으로 의존해 있다는 사실을 고백하며, 하나님을 하늘의 산타클로스가 아닌 주님이자 시혜자요, 우주의 통치자로 바라본다. 참된 기도는 간구를 할 때조차도 순전한 예배의 의미를 지닌다.

그런 면에서 예수님이 가르치신 기도는 하나님 중심적이다. 주기도는 하나님의 이름을 찬양하는 말로 시작해, 하나님의 나라가 임하고, 그분의 뜻이 이루어지기를 기원한다. 순전한 예배가 간구보다 앞서고, 또 간구를 위한 배경을 설정한다.

주기도의 첫마디는 기도의 핵심 요소(하나님의 영광과 그분의 나라)를 분명하게 제시한다. 기도를 드리는 사람은 자신의 소원 목록이 아니라 하나님의 영광과 하나님 나라의 확장을 첫 번째 관심사로 삼아야 한다. 나머지 것은 모두 그 원칙에 부합해야 한다. 하나님의 영광과 그분의 나라가 기도의 모든 내용을 결정한다. 아마도 이것이 우리가 기도할 때마다 반드시 기억해야 할 가장 중요한 관점이 아닌가 싶다.

예수님은 "너희가 내 이름으로 무엇을 구하든지 내가 행하리니 이는 아버지로 하여금 아들로 말미암아 영광을 받으시게 하려 함이라"(요 14:13)고 말씀하셨다. 참된 기도의 목적은 기도하는 사람에게 필요한 욕구를 충족하거나 물질적인 소원을 이루는 데 있지 않고, 하나님의 주권을 인정하고 그분의 영광을 드높이는 데 있다.

기도는 내가 원하는 것을 얻는 수단이 아니라 하나님의 뜻을 이루는 수단이다. 기도의 목표는 나를 풍요롭게 하고, 나의 왕국을 건설하고, 나의 재물을 불리기 위한 것이 아니라 하나님의 나라를 왕성하게 하는 데 있다. 내 이름을 높이는 것이 아니라 하나님의 이름을 영화롭게 하는 것이 기도의 핵심이다. 기도의 모든 것은 하나님이 하나님이시라는 사실과 그분이 원하시는 것과 그분이 영광을 받으시는 것에 집중된다. 이것이 참 기도의 본질이자 핵심이다.

자기 지향적인 기도, 곧 자아의 만족을 목표로 하는 기도나 하나님의 뜻에 상관없이 무엇이든 내가 원하는 것을 구하는 기도, 또는 내가 요구했기 때문에 하나님이 들어주셔야 한다고 생각하는 기도는 모두 그분의 이름을 망령되이 일컫는 기도다. 그런 기도는 하나님의 본성과 그분의 뜻과 말씀을 거스르는 중대한 죄에 해당한다.

"무엇이든 원하는 것을 말하고 구하라."는 식의 기도, 하나님이 항상 나의 건강과 부와 번영과 성공을 보장해 주셔야 한다는 생각이나 이기적인 소원을 나열하는 행위는 모두 주님이 가르치신 기도의 정신에 위배된다. 그런 기도는 하나님이 우리의 기도를 듣고 응답하신다는 성경의 약속과는 아무 관련도 없다(약 4:3). 그런 기도는 하나님의 본성을 심각하게 오해하는 데서 비롯한다.

기도는 예배 행위이기 때문에 하나님의 본성을 왜곡하는 기도는 우상을 섬기는 것과 똑같다. 즉, 탐욕이나 물질주의 또는 순전한 이기심에서 비롯한 갖가지 소원을 하나님께 제시하고, 마치 그분을 마술 램프의 요정처럼 간주해 원하는 것을 요구하는 행위는 기도라고 할 수 없다. 그것은 신성을 모독하는 죄다. 그런 기도는 이교도의 가장 조잡한 우상 숭배만큼이나 가증스럽다.

성경에 인물들의 기도는 그런 기도와는 사뭇 다르다. 극도로 어려운 상황에 처했던 선지자 세 사람의 기도를 살펴보자.

예레미야의 기도

예레미야는 감옥에 갇힌 상태였다. 그는 유다 백성에게 말씀을 전했지만, 그들은 귀를 기울이지 않았으며 그의 입을 막으려고 했다. 그들은 예레미야나 하나님이 하시는 말씀에 아무 관심이 없었으며, 결국 그를 구덩이에 처넣었다. 세상이 생각하는 성공의 개념으로 보면, 그의 사역에는 눈에 보이는 성과가 전혀 없었다. 그의 기도를 가만히 들여다보자.

"내가……여호와께 기도하여 이르되 슬프도소이다 주 여호와여 주께서 큰 능력과 펴신 팔로 천지를 지으셨사오니 주에게는 할 수 없는 일이 없으시니이다 주는 은혜를 천만인에게 베푸시며 아버지의 죄악을 그 후손의 품에 갚으시오니 크고 능력 있으신 하나님이시요 이름은 만군의 여호와시니이다 주는 책략에 크시며 하시는 일에 능하시며 인류의 모든 길을 주목하시며 그의 길과 그의 행위의 열매대로 보응하시나이다 주께서 애굽 땅에서 표적과 기사를 행하셨고 오늘까지도 이스라엘과 인류 가운데 그와 같이 행하사 주의 이름을 오늘과 같이 되게 하셨나이다 주께서 표적과 기사와 강한 손과 펴신 팔과 큰 두려움으로 주의 백성 이스라엘을 애굽 땅에서 인도하여 내시고 그들에게 주시기로 그 조상들에게 맹세하신 바 젖과 꿀이 흐르는 땅을 그들에게 주셨으므로 그들이 들어가서 이를 차지하였거늘 주의 목소리를 순종하지 아니하며 주의 율법에서 행하지 아니하며 무릇 주께서 행하라 명령하신 일을 행하지 아니하였으므로 주께서 이 모든 재앙을 그들에게 내리셨나이다"(렘 32:16-23).

그의 기도에는 민족을 위한 희망은 좌절되고, 온 백성에게 버림당해 가슴을 저미는 슬픔과 외로움 속에서 고통스러워했던 큰 고뇌에 휩싸인 한 인간의 모습이 고스란히 드러나 있다. 그러나 그의 마음은 하나님의 영광과 위엄과 이름과 영예와 사역을 찬양하는 데 집중되었다. 그는 자신의 고통에 몰두하지 않았으며, 힘든 상황에서 벗어나는 것에 집착하지 않았다. 그는 고난 속에서도 하나님을 예배한 것이다. 우리의 기도도 마땅히 그래야 한다.

다니엘의 기도

다니엘은 두 개의 거대한 제국이 교차되는 과도기에 살았다. 그는 모든 것을 빼앗기고 낯선 이국에 사로잡혀온 백성을 대신해 중보기도를 드렸다. 기도에 임하는 그의 정신자세에 주목해 보자.

그는 "내가 금식하며 베옷을 입고 재를 덮어쓰고 주 하나님께 기도하며 간구하기를 결심하고"(단 9:3)라고 말했다. 곧이어 그는 다음과 같은 기도를 시작했다.

"내 하나님 여호와께 기도하며 자복하여 이르기를 크시고 두려워할 주 하나님, 주를 사랑하고 주의 계명을 지키는 자를 위하여 언약을 지키시고 그에게 인자를 베푸시는 이시여 우리는 이미 범죄하여 패역하며 행악하며 반역하여 주의 법도와 규례를 떠났사오며"(4-5절).

그의 기도는 찬양으로 시작해 회개로 이어졌다. 다니엘서 9장에 기록된 대로, 그는 이스라엘의 죄를 열거하면서 4절과 5절 외에 또다시 열두 구절에 걸쳐 스스로를 낮추는 고백을 이어나갔다.

그는 "주여 수치가 우리에게 돌아오고"(8절), "이는 우리가 주께 패역하였음이오며 우리 하나님 여호와의 목소리를 듣지 아니하며"(9, 10절), "주 하나님이여 우리는 범죄하였고 악을 행하였나이다"(15절)라고 고백했다.

이런 표현들은 찬양과 함께 어우러졌다. 또한 그는 "주여 공의는 주께로 돌아가고 수치는 우리 얼굴로 돌아옴이 오늘과 같아서"(7절), "우리의 하나님 여호와께서 행하시는 모든 일이 공의로우시나"(14절), "강한 손으로 주의 백성을 애굽 땅에서 인도하여 내시고 오늘과 같이 명성을 얻으신 우리 주 하나님이여"(15절)라고 부르짖었다.

마지막으로, 다니엘은 기도를 마치면서 하나님께 한 가지를 구했다. 그것은 긍휼을 허락해 달라는 호소였다. 하나님의 공의와 긍휼에 초점을 맞춘 다니엘의 찬양과 불순종의 죄를 저지른 이스라엘 역사를 나열하면서 고백했던 회개는 용서와 회복을 구하는 기도에서 절정을 이룬다.

그는 "주여 들으소서 주여 용서하소서 주여 귀를 기울이시고 행하소서 지체하지 마옵소서 나의 하나님이여 주 자신을 위하여 하시옵소서 이는 주의 성과 주의 백성이 주의 이름으로 일컫는 바 됨이니이다"(19절)라고 호소했다.

그는 하나님께 기도하기 전에, 그런 간구를 드리게 된 이유를 간략히 밝혔다. 그는 모든 찬양과 고백을 하나로 압축해 하나님의 초월적인 위대하심과 아무 공로가 없는 이스라엘의 처지를 다시 한번 확언했다. 그런 다음, "우리가 주 앞에 간구하옵는 것은 우리의 공의를 의지하여 하는 것이 아니요 주의 큰 긍휼을 의지하여 함이니이다"(18절)라는 말로 간구의 근거를 제시했다.

다니엘은 하나님의 본성과 영광과 위대하심과 위엄을 확증하면서 기도를 시작했다는 점에 다시 유의하라. 그의 기도는 예배의 표현이었고, 마지막에는 간구로 이어졌다. 그의 간구는 죄를 뉘우치며 하나님을 예배하는 마음에서 흘러나왔다. 경건한 마음으로 드리는 기도는 항상 이렇다.

요나의 기도

요나는 물고기 뱃속에서 기도했다. 그곳이 축축하고, 어둡고, 숨도 제대로 쉴 수 없는 불편한 장소였다는 사실을 생각하면, 당시 그의 상황이 얼마나 절박했는지 쉽게 이해할 수 있을 것이다.

요나서 2장 전체가 그의 기도를 기록한 내용이다. 그의 기도는 모두 심원한 예배의 감정을 드러내고 있는데, 마치 한 편의 시편처럼 느껴진다. 사실, 그의 기도에는 시편을 암시하는 내용이 가득하다. 마치 요나가 무덤과 같은 장소에서 깊이 탄식하며, 이스라엘의 시인이 사용한 표현을 빌려 예배의 찬송을 드리고 있는 듯하다.

요나의 기도는 지중해 밑을 유영하는 물고기 뱃속에 갇힌 사람의 처지답게 참으로 간절하고도 절실했다.

그는 "내가 받는 고난으로 말미암아 여호와께 불러 아뢰었더니 주께서 내게 대답하셨고"(2절)라는 말로 기도를 시작했다. 보다시피, 하나님께 도우심을 호소하는 내용이 아니라 그분을 3인칭으로 언급하며 찬양과 구원의 기쁨을 표현하고 있다. 그의 기도는 마치 구원이 이미 이루어진 듯한 인상을 풍긴다.

기도의 나머지 내용은 하나님을 2인칭으로 언급하며 그분께 직접 호소하는 형식으로 이루어져 있고, 전체적으로 더 많은 찬양의 표현을 담고 있다. 그는 자신이 당한 일을 열거했다("주께서 나를 깊음 속 바다 가운데에 던지셨으므로"-3절, "바다풀이 내 머리를 감쌌나이다"-5절).

요나는 기도하는 동안, 계속 물고기 뱃속에 있었지만(10절 참조), 자신의 구원을 언급할 때 과거시제를 사용했다. 그의 기도에서 발견되는 참으로 놀라운 특징은 주님의 구원을 바라는 절박한 상황에 처해 있었음에도 요청을 드리는 내용이 단 한 마디도 발견되지 않는다는 점이다.

요나의 기도는 하나님을 예배하고, 그분을 믿는 믿음을 순수하게 표현하는 내용으로 일관되어 있다. 핵심 구절은 7절로, 요나는 "내 영혼이 내 속에서 피곤할 때에 내가 여호와를 생각하였더니 내 기도가 주께 이르렀사오며 주의 성전에 미쳤나이다"라고 기도했다.

요나의 기도는 다른 모든 위대한 기도와 마찬가지로 하나님의 영광에 초점을 맞추었다. 요나는 그 누구보다도 하나님의 응답을 간청하고 애걸할 수밖에 없는 상황에 처해 있었지만, 그는 그런 기도를 단 한 마디도 드리지 않았다. 요나가 자신의 구원을 언급할 때 과거시제를 사용한 것은 만사형통을 강조하는 오늘날의 '번영신학' 설교자들이 말하는 '긍정적인 사고'와는 전혀 무관하다.

요나는 자신의 기도가 곤궁에 처한 자신의 처지를 바꿔 놓을 수 있다는 헛된 기대에 사로잡히지 않았다. 그는 단순히 하나님의 성품을 찬양했을 뿐이다. 이것이 바로 주님이 누가복음 11장에서 제자들에게 기도의 본보기를 가르치시면서 그들에게 깨우쳐 주려고 하셨던 교훈이다.

예수님은 제자들에게 기도가 예배의 표현이라는 사실을 가르쳐 주셨는데, 그분의 가르침은 전혀 새로운 것이 아니었다. 구약 성경에 기록된 위대한 기도는 모두 예배의 표현이었다. 가장 절박한 상황에서 드렸던 기도들도 예외가 아니었다.

이 점을 염두에 두고 주기도를 좀 더 자세히 살펴보자. 이 기도의 첫 구절에만 기도가 예배의 표현이라는 점을 일깨워 주는 진리가 무려 세 가지나 포함되어 있다.

아버지이신 하나님에 대한 믿음

주기도는 하나님의 아버지되심을 언급하면서 시작한다. 주기도의 첫마디는 하나님이 하늘에 계신 아버지라는 사실을 상기시켜 준다. 우리가 하나님 앞에 나아가는 이유는 그분이 주권자요 왕이요 의로운 재판관이요 창조주이시기 때문만이 아니라 그분이 자애로운 아버지이시기 때문이다.

이 아름다운 표현은 하나님의 보좌 앞에 아무 제약 없이 자유롭게 나아갈 수 있는 은혜가 우리에게 주어졌다는 사실을 일깨워 준다(히 4:16). 우리는 자녀들이 자상한 아버지를 대하듯, 담대하게 하나님 앞에 나아갈 수 있다.

바로 이 점 때문에 우리는 기도에 담대할 수 있다. 우리의 기도가 마법적인 힘을 가진다거나, 우리가 구하는 모든 것을 들어주어야 할 의무가 하나님께 있다거나, 우리의 믿음이 보상을 받을 만한 공로를 지니고 있다는 식의 생각은 모두 잘못되었다. 우리가 하나님께 기도할 수 있는 이유는 주권자이신 하나님이 은혜롭고 자애로운 아버지로서 우리가 그 앞에 나오는 것을 허락하시기 때문이다.

물론, 우리가 하나님과 아버지와 자녀라는 친밀한 관계를 맺는다고 해서 주권자이신 그분께 마땅히 드려야 할 공경심이 줄어들어서는 안 된다. 또한, 이 관계를 떠올리며 우리 자신을 높여서도 안 된다. 오히려 이 관계는 우리가 어린이이 같은 마음으로 하나님의 선하심과 사랑을 전적으로 의지해야 한다는 것을 일깨워 준다.

하나님이 우리가 의지할 수 있는 유일한 분이 되시는 이유, 곧 그분이 우리의 모든 필요를 채워 주시고 우리의 가장 깊은 갈망을 만족하게 하시는 분이 되시는 이유는 그분이 주권자요 창조주요 재판관이요, 또한 아버지이시기 때문이다. 우리의 기도가 진정한 예배의 표현이 되려면, 이런 믿음을 온전히 소유해야 한다.

이사야서 64장 8절에 기록된 기도를 살펴보자.

"여호와여, 이제 주는 우리 아버지시니이다 우리는 진흙이요 주는 토기장이시니 우리는 다 주의 손으로 지으신 것이니이다"

바로 이같은 고백이 기도의 올바른 정신이다.

"주님, 주님이 저희를 지으셨나이다. 주님이 저희에게 생명을 주셨습니다. 오직 주님만이 저희에게 필요한 것을 허락하실 수 있습니다. 저희는 주님의 사랑하는 아드님과 믿음으로 연합했습니다. 따라서 저희도 모든 점에서 주님의 뜻과 능력과 축복에 의존하는 주님의 자녀들입니다."

이런 태도는 이교도의 기도와는 사뭇 다르다. 질투와 복수를 일삼는 파괴적인 우상을 섬기는 이교도는 공로를 세우거나 희생제물을 제단에 바치면 신의 분노를 달랠 수 있다고 믿는다. 그러나 성경은 하나님이 친히 궁극적인 희생을 감당하셨으며 성자를 통해 우리에게 필요한 모든 공로를 이루게 하셨다고 가르친다.

우리의 기도는 이런 성경의 관점에 근거해야 한다. 믿음으로 그리스도를 구주로 영접하는 사람은 누구나 "하나님의 자녀"(갈 3:26, 요 1:12, 13, 고후 6:8)이다. 요한은 "보라 아버지께서 어떠한 사랑을 우리에게 베푸사 하나님의 자녀라 일컬음을 받게 하셨는가, 우리가 그러하도다"(요일 3:1)라고 말했다. 그리스도께서 우리를 대신해 희생하셨기 때문에 우리는 하나님이 베푸시는 가장 좋은 선물을 이미 받은 셈이다. 바울은 "자기 아들을 아끼지 아니하시고 우리 모든 사람을 위하여 내주신 이가 어찌 그 아들과 함께 모든 것을 우리에게 주시지 아니하겠느냐"(롬 8:32)라고 말했다.

나아가 예수님은 마태복음 7장 7-11절에서 이렇게까지 약속하셨다. "구하라 그리하면 너희에게 주실 것이요 찾으라 그리하면 찾아낼 것이요 문을 두드리라 그리하면 너희에게 열릴 것이니 구하는 이마다 받을 것이요 찾은 이는 찾아낼 것이요 두드리는 이에게는 열릴 것이니라 너희 중에 누가 아들이 떡을 달라 하는데 돌을 주며 생선을 달라 하는데 뱀을 줄 사람이 있겠느냐 너희가 악한 자라도 좋은 것으로 자식에게 줄 줄 알거든 하물며 하늘에 계신 너희 아버지께서 구하는 자에게 좋은 것으로 주시지 않겠느냐"

우리는 기도할 때, 하늘에 계신 자애로우신 아버지 앞에 나아간다. 우리는 친밀한 마음으로 그분 앞에 나아갈 수 있다. 아버지를 신뢰하고 사랑하는 어린아이처럼 스스럼없이 담대히 하나님 앞에 나아갈 수 있다. 우리는 하나님의 참된 자녀이기 때문에 "하나님이 그 아들의 영을 우리 마음 가운데 보내사 아빠(아빠) 아버지라고 부르게 하신다"(갈 4:6).

진한 애정이 담긴 "아바"라는 표현은 아버지를 일컫는 평범한 용어로, 갈대아 방언에서 유래했는데 발음하기 쉬웠기 때문에 신약 시대의 어린아이들은 아버지를 "아바", 즉 "아빠"라고 불렀다.

그러나 하나님을 "아버지"나 "아빠"로 부른다는 것이, 무례하고, 안이하고, 주제넘는 친밀감을 드러내도 좋다는 뜻으로 이해해서는 곤란하다. "아버지"와 "아빠"라는 호칭을 옳게 사용하면, 어린아이 같은 신뢰감이 넘치는, 심원한 예배의 정신을 표현할 수 있다.

이 호칭은 "하나님, 저는 주님의 자녀입니다. 주님이 저를 사랑하시고, 주님께 가까이 나아갈 수 있는 은혜를 허락하셨다고 믿습니다. 주님의 축복은 다함이 없습니다. 주님은 항상 제게 가장 좋은 것을 허락해 주십니다. 주님께 기꺼이 복종하겠습니다. 무슨 일을 행하시든, 주님이 모두 잘 아시고 행하시는 줄 믿습니다."라는 뜻을 담고 있다.

이 모든 것이 하나님이 우리의 아버지이시라는 진리에 함축되어 있다. 예수님은 그런 마음으로 기도를 시작하라고 가르치셨다.

우리는 언제나 핵심을 간과해서는 안 된다. 하늘에 계신 아버지이신 하나님께 기도할 때는 그분께 복종해야 할 책임이 있고, 그분이 최선으로 생각하시는 것을 우리에게 허락할 권리가 있으시다는 사실을 인정해야 한다. 무엇보다, 하나님을 온전히 신뢰하고 의지하며 그분을 찬양하고 그분의 은혜에 감사해야 한다. 즉, 예배하는 자녀로서 그분 앞에 나아가야 한다. 이것이 예수님이 가르치신 기도의 첫마디에 담겨 있는 의미다.

하나님을 가장 우선시하는 태도

기도의 첫 구절은 예배의 태도를 여실히 드러내고 있다.

"아버지여 이름이 거룩히 여김을 받으시오며 나라가 임하시오며"는 간구의 형태로 표현되었지만, 실은 개인적인 요청과는 거리가 멀다. 이 구절은 찬양의 표현이자 하나님을 가장 우선시하는 태도를 드러내고 있다. "나는 여호와니 이는 내 이름이라 나는 내 영광을 다른 자에게……주지 아니하리라"(사 42:8).

예수님은 주기도를 그렇게 시작하심으로써 기도가 예배라는 진리를 분명히 하셨다. 하나님을 예배하는 것은 "그의 이름의 영광을 찬양하는"(시 66:2) 것이다. 성경은 "여호와의 이름에 합당한 영광을 그에게 돌릴지어다"(대상 16:29, 시 29:2, 96:8), "여호와여 영광을 우리에게 돌리지 마옵소서 우리에게 돌리지 마옵소서……주의 이름에만 영광을 돌리소서"(시 115:1)라고 말씀한다. 이런 말씀들은 예배하는 마음의 태도를 잘 보여 준다.

주기도의 첫 구절은 다른 모든 간구에 조건을 부여한다. 다시 말해, 이 구절은 그릇된 동기에 사로잡혀 "정욕으로 쓰려고 잘못 구하는"(약 4:3) 일을 방지함으로써 하나님의 온전한 뜻에 일치하지 않는 기도를 차단하는 역할을 한다.

아더 핑크의 말을 들어보자.

여기에 기도에 임하는 근본 자세가 명확하게 제시되어 있다. 자아와 자아가 원하는 모든 필요는 부차적인 위치로 물러나고, 주님이 우리의 생각과 바람과 간구 속에 가장 높은 위치를 차지하셔야 한다. 이 구절이 기도의 첫

머리에 언급된 이유는 하나님의 위대한 이름을 영화롭게 하는 것이 만물의 궁극적인 목적이기 때문이다. 다른 모든 간구는 이 목적에 종속되어야 할 뿐 아니라 이 목적에 부합하고, 이 목적을 추구하는 데 이바지해야 한다. 하나님을 존귀하게 여기는 생각이 우리의 마음을 지배하지 않으면, 올바른 기도를 드릴 수 없다. 하나님의 이름을 영화롭게 하려는 마음을 소중히 여긴다면, 그분의 거룩하심을 거스르는 일을 결코 구해서는 안 된다.[3]

그렇다면 "이름이 거룩히 여김을 받으시오며"는 무슨 의미를 지닐까? 하나님의 "이름"에는 하나님에 관한 모든 것, 곧 그분의 성품, 속성, 명예, 영광 및 그분의 인격이 모두 포함되어 있다. 하나님의 이름은 하나님에 관한 모든 것을 의미한다.

우리도 때로 "내 이름"이라는 표현을 그런 의미로 사용하곤 한다. 누군가가 자신의 이름에 먹칠을 했다는 말은 자신의 명예를 훼손했다는 뜻이다. 자신에 대한 다른 사람들의 평판이 낮아졌음을 의미한다. 또한, 내가 어떤 사람을 나의 변호사로 삼았다면, 이는 그에게 "내 이름으로" 행동할 수 있는 권한을 부여했다는 뜻이다. 그 사람은 나의 법정 대리인이 되었기 때문에 그가 결정하는 법률 문서는 마치 내가 직접 서명한 문서와 같은 구속력을 발휘한다.

이것이 예수님이 자신의 이름으로 기도하라고 명령하셨을 때 염두에 두셨던 의미였다. 그분은 "너희가 내 이름으로 무엇을 구하든지 내가 행하리니 이는 아버지로 하여금 아들로 말미암아 영광을 받으시게 하려 함이라 내 이름으로 무엇이든지 내게 구하면 내가 행하리라"(요 14:13-14)고 말씀하셨다. 예수님은 우리에게 자신의 권한을 위임하셔서 우리로 하여금 기도할 때 그것을 사용하게 하셨다. 그 덕분에 우리는 하나님께 무엇을 간구할 때 마치 예수님의 사자가 된 것 같이 행동할 수 있는 권한을 지니게 되었다.

그러나 그리스도께서는 하나님의 이름이 거룩히 여김을 받기를 간구하는 말을 기도의 첫머리에 두심으로써 그분의 이름을 우리 마음대로 남용하지 못하도록 예방책을 마련하셨다. 우리가 진정으로 하나님의 이름이 거룩히 여김을 받으시기를 구한다면, 그분의 아들이신 예수님의 이름을 더럽히거나 그분이 인정하지 않으시는 일을 구함으로써 그분이 허락하신 대리권을 남용하는 일은 결코 일어나지 않을 것이다. 만일 그런 일을 저지른다면, 그것은 주님의 이름을 망령되이 일컫는 죄가 되어 십계명의 세 번째 계명을 어기는 셈이 된다. 더욱이, 예수님은 자신의 권한을 제자들에게 위임하시고 나서 곧바로 "너희가 나를 사랑하면 나의 계명을 지키리라"(요 14:15)고 말씀하셨다.

또한, 예수님은 바로 다음 장에서도 이러한 원리에 필요한 모든 조건을 덧붙이셨다. 요한복음 15장 7절에서 "너희가 내 안에 거하고 내 말이 너희 안에 거하면 무엇이든지 원하는 대로 구하라 그리하면 이루리라"고 말씀하셨다.

"이름"이라는 표현은 많은 것을 의미하는데, 특히 하나님의 이름은 그분의 모든 것, 곧 그분이 인정하시는 것과 그분이 행하시는 모든 것을 나타낸다. 따라서 "아버지여 이름이 거룩히 여김을 받으시오며"라는 기도는 하나님의 성품과 영광과 명예와 그 존재가 거룩히 구별되어 높임을 받으시기를 바라는 염원을 드러낸다.

헬라어 '하기아조'를 번역한 "거룩히 여기다"라는 말은 "신성하다", "거룩하다", "성별하다"를 뜻하는데, 이 말은 모든 속된 것으로부터 온전히 구별된다는 뜻을 담고 있다. 따라서 이 문구는 하나님이 찬양과 영광을 받으시기를 바라는 기도다. 요한복음 12장 28절("아버지여, 아버지의 이름을 영광스럽게 하옵소서")을 보면 예수님도 친히 이 기도를 드렸음을 알 수 있다.

예수님은 주기도를 이렇게 시작하심으로써 모든 기도의 궁극적인 목적을 알려주신다. 기도의 목적은 하나님이 영광과 존귀와 높임을 받으시고, 그분의 존재가 모든 방법을 통해 밝히 드러나기를 바라는 데 있다.

이렇듯, 하나님을 "아버지"로 일컫는 것은 결코 값싼 감정이나 무례할 정도의 친밀감과는 거리가 멀다. 하나님은 자애로운 아버지이시지만, 우리는 그분의 이름이 거룩하다는 사실을 결코 잊어서는 안 된다. 하나님의 아버지 되심은 그분의 영광을 퇴색시키지 않는다. 만일 그런 식으로 잘못 생각했다면, "아버지여, 이름이 거룩히 여김을 받으시오며"라고 기도함으로써 잘못을 바로잡아야 한다.

이 기도는 무엇이든지 믿는대로 이루진다는 소위 '번영 신학'의 믿음과 정면으로 충돌한다. 언젠가 어느 설교자가 텔레비전에 나와 "긍정적인 사고"를 강조하는 것을 본 적이 있다. 그는 기도할 때 "내 뜻대로 마옵시고 주님의 뜻대로 하옵소서."라고 말하는 것은 믿음으로 기도하지 않는 것과 같다고 했다. 하지만 그런 말은 우리를 미혹하는 거짓말에 지나지 않는다. 예수님도 친히 "그러나 내 원대로 마시옵고 아버지의 원대로 되기를 원하나이다"(눅 22:42)라고 기도하지 않으셨던가.

예수님은 하나님의 이름이 거룩히 여김을 받기를 바라는 마음으로 기도를 시작하라고 가르치셨다. 그 가르침에는 우리의 뜻보다 하나님의 뜻을 위해 기도하라는 의미가 담겨 있다.

사람들의 소원을 무작정 들어주는 하나님은 성경의 하나님이 아니다. 소위 '번영 신학' 설교자들처럼 기도를 가르치는 것은 하나님의 이름을 욕되게 하는 것이며, 하나님의 본성을 왜곡하는 그릇된 가르침일 뿐 아니라 더할 나위 없는 무례한 신성모독에 해당한다. 이는 하나님의 이름을 망령되이 일컫는 행위로, 주기도의 첫 구절의 정신에 정면으로 배치된다.

루터의 교리문답 39항을 보면, 다음과 같은 질문과 대답이 있다.

"하나님의 이름은 우리 가운데서 어떻게 거룩히 여김을 받는가?"

이에 대한 대답은 이렇다.

"우리의 교리와 삶이 경건하고 기독교적이어야 한다. 우리는 기도를 드릴 때 하나님을 아버지로 부른다. 따라서 우리는 경건한 자녀답게 처신해 하나님이 수치를 당하지 않고, 찬양과 존귀를 받으시게 해야 한다."

"아버지여, 이름이 거룩히 여김을 받으시오며"라는 기도는 하나님이 스스로를 영화롭게 하시고, 그분의 능력과 은혜와 온전하심을 밝히 드러내시기를 바라는 염원을 담고 있다. 또한 우리의 기도가 이기적인 욕망에서 비롯한 무례한 요구가 아니라 하나님의 뜻에 복종하겠다는 마음을 담고 있어야 함을 보여준다.

우리는 타락한 세상에서 번영을 누리기 위해 창조된 것이 아니라 하나님을 영화롭게 하고 그분을 영원히 즐거워하기 위해 창조되었다. 따라서 자신의 번영과 자기중심적인 욕망보다는 하나님의 영광에 더 큰 관심을 기울여야 한다. 주님이 기도를, 단순히 자신의 필요를 구하는 수단이 아니라 예배의 행위로 가르치신 이유가 바로 여기에 있다.

하나님의 나라를 사모하는 마음

누가복음 11장 2절은 "나라가 임하시오며"로 끝난다. 이는 하나님의 나라가 왕성해지기를 바라는 기도다. 지금까지 살펴본 다른 모든 기도의 경우처럼 이 기도 역시 자신의 계획이 성취되기를 바라거나, 자신의 일에 몰두하는 사람들이 드리는 기도와 정면으로 충돌한다.

이 기도는 하나님의 뜻이 이루어지기를 바라는 기도다. 헬라어 원문에는 이 기도에 "뜻이 하늘에서처럼 땅에서도 이루어지이다"라는 구절이 포함되어 있는데, 예수님은 산상 설교에서 주기도를 가르치실 때 이 구절을 포함시키셨다(마 6:10).

따라서 우리의 모든 간구는 이런 필터를 통해 걸러져야 한다.

"우리의 기도는 하나님 나라의 목적과 원리에 합당한가?"

"이 기도가 하나님 나라의 확장을 염원하고 있는가?"

"단지 이기적인 욕구를 충족시키는 것인가, 아니면 하나님 나라가 왕성해지기를 바라는 마음을 담고 있는가?"

우리는 "주님, 설혹 제가 모든 것을 잃더라도 주님의 나라가 왕성해지기를 바라나이다."라고 말할 수 있어야 한다. 이러한 고백이 "나라가 임하시오며"라는 기도에 담겨 있는 의미다.

또한 여기에서 "나라"는 그리스도께서 주님으로 다스리는 영토를 가리킨다. "나라가 임하시오며"라고 기도하는 것은 우리의 욕망을 버리고 우리의 마음을 남김없이 그리스도의 주권에 복종시키는 것을 의미한다. 하나님 나라의 계획에 이바지하려면, 물질을 탐하는 육신적이거나 이기적인 기도를 포기해야 한다. 왜냐하면 "하나님의 나라는 먹는 것과 마시는 것이 아니요 오직 성령 안에 있는 의와 평강과 희락이기"(롬 14:17) 때문이다.

우리 마음의 소원이 거룩하다면, 원하는 것을 하나님께 구하는 행동은 전혀 잘못된 것이 아니다. "여호와를 기뻐하라 그가 네 마음의 소원을 네게 이루어 주시리로다"(시 37:4)라는 말씀을 보아 알 수 있듯 하나님은 이러한 기도에 응답하신다고 약속한다.

예수님은 이렇게 말씀하셨다.

"너희가 내 안에 거하고 내 말이 너희 안에 거하면 무엇이든지 원하는 대로 구하라 그리하면 이루리라"(요 15:7).

"너희가 무엇이든지 아버지께 구하는 것을 내 이름으로 주시리라"(요 16:23).

요한도 "그를 향하여 우리가 가진 바 담대함이 이것이니 그의 뜻대로 무엇을 구하면 들으심이라"(요일 5:14)라고 말했다. "무엇이든지 원하는 대로 구하라"는 말씀 앞에 "너희가 내 안에 거하고 내 말이 너희 안에 거하면"이라는 조건이 덧붙여졌다는 사실에 유의하라. 또한, "무엇이든지……내 이름으로", "그의 뜻대로 무엇을 구하면"이라는 조건도 잊지 말라.

참된 기도는 예배의 행위이며, 모든 것을 알고 계신, 자애로우신 아버지 앞에 나아가는 것이다. 복종하는 마음, 하나님의 영광을 구하는 열정, 그분의 나라가 왕성해져 하나님이 존귀하게 되시기를 바라는 마음이 없는 기도는 참된 기도라고 할 수 없다.

chapter 3

기도는 고백이다

존 파이퍼

아버지여, 주님의 거룩하고 위대하신 이름이 (제 마음을 포함해) 이 세상 그 무엇보다 더 보배롭고, 더 존귀하고, 더 영예롭고, 더 뛰어나게 하소서. 주관자요 왕이신 주님의 영광스런 통치가 어떤 방해도 받지 않고 (제 마음을 포함해) 이 세상 모든 곳에서 이루어지게 하소서. 천사들이 하늘에서 주님의 지극히 지혜롭고, 선하고, 의로우신 뜻을 즐거운 마음으로 온전히 받들어 섬기듯 세상에서도 그 뜻이 온전히 이루어지게 하소서. 또한, 제 안에서도 그렇게 되게 하소서.

나는 성경에 나오는 기도를 사랑한다. 특히 바울의 기도(빌 1:9-11, 엡 1:16-21, 3:14-19, 골 1:9-12)와 요한복음 17장에 기록되어 있는 예수님의 기도를 좋아한다. 또한 시편도 사랑한다. 시편은 하나님의 영감으로 기록된 기도서나 다름없는데, 우리가 느끼는 온갖 감정, 곧 삶의 갖은 경험에서 우러나온 마음의 부르짖음이 생생히 묘사되어 있다.

내 마음을 가장 사로잡았던 성경의 기도는 마태복음 6장 9-13절에 기록되어 있는 주기도였다. 그 이유는 교인들과 함께 산상 설교를 암송했기 때문일지도 모른다. 나는 여러 주 동안 마태복음 6장을 마음속으로 계속 되새기며, 주기도를 거듭 반복했다.

주기도의 의미를 생각하며 기도하는 동안, 주기도는 나의 인생에 전반적으로 영향을 미쳤을 뿐 아니라 매일 경험해야 하는 삶의 엄숙한 현실에도 큰 영향을 미쳤다. 다른 사람들도 주기도를 통해 그런 영향을 받게 되기를 바라는 마음이 간절하다.

주기도는 우리의 삶과 매우 밀접하게 관련되어 있다. 삶은 크게 극적인 일과 단순한 일로 이루어져 있다. 신나는 일과 지루한 일, 멋진 일과 흔한 일, 특별한 일과 평범한 일, 경이로운 일과 일상적인 일, 색다른 일과 예사로운 일로 우리의 삶은 대부분 이루어져 있다.

주기도 역시 우리의 삶의 모습과 비슷한 식으로 이루어져 있다. 주기도는 크게 두 부분으로 나누어져 있는데, 첫 번째 부분(9, 10절)과 두 번째 부분(11-13절)이 각각 세 가지 기도로 이루어져 있다. 우선, 첫 번째 부분의 세 가지 기도는 다음과 같다.

"이름이 거룩히 여김을 받으시오며"
"나라가 임하시오며"
"뜻이 하늘에서 이루어진 것 같이 땅에서도 이루어지이다"

두 번째 부분의 세 가지 기도는 다음과 같다.

"오늘 우리에게 일용할 양식을 주시옵고"
"우리가 우리에게 죄 지은 자를 사하여 준 것 같이
 우리 죄를 사하여 주시옵고"
"우리를 시험에 들게 하지 마시옵고 다만 악에서 구하시옵소서"

이제 이 두 부분의 차이를 쉽게 구별하고, 느낄 수 있을 것이다. 첫 번째 세 가지 간구는 하나님의 이름과 나라와 뜻에 관한 것이고, 두 번째 세 가지 간구는 우리의 양식과 용서와 거룩함에 관한 것이다. 전자는 하나님의 위대하심에 대한 고백에, 후자는 우리의 필요에 초점을 맞춘다. 두 부분의 기도에서 받는 느낌은 매우 다른데, 첫째 부분이 장엄하고 숭고한 느낌을 준다면, 둘째 부분은 다소 초라하고 현세적인 느낌을 준다.

주기도의 내용과 우리의 삶은 큰 것과 작은 것, 영광스러운 것과 평범한 것, 웅장한 것과 현세적인 것, 숭고한 것과 초라한 것으로 이루어져 있다는 점에서 서로 조화를 이룬다.

전도서 3장 11절은 "하나님이……사람들에게는 영원을 사모하는 마음을 주셨느니라 그러나 하나님이 하시는 일의 시종을 사람으로 측량할 수 없게 하셨도다"라고 말한다. 이 말씀에는 세상과 인간의 영혼은 영원과 관련한 일들을 통해 비로소 찬란하게 빛을 발한다는 의미가 포함되어 있다.

하지만 이 세상에서 이루어지는 단조롭고, 평범하고, 속된 경험은 경이로운 것이나 때로 우리가 꿈꾸는 높은 이상을 바라보지 못하게 가로막는다. 심지어는 하나님의 성령이 거하시는 신자들조차도 "우리가 이 보배를 질그릇에 가졌으니"(고후 4:7)라고 말한다. 우리의 영은 하나님의 성령과 더불어 살아 있지만, 우리의 육신은 죄로 인해 죽은 상태인 것이다(롬 8:10). 바로 이것이 우리의 삶이다.

주기도 역시 한편으로는 영원의 빛을 찬란하게 뿜어내고, 또 한편으로는 평범한 일상과 밀접한 관련을 맺고 있다는 점에서 우리의 삶과 매우 흡사하다.

9절 아버지여, 주님의 거룩하고 위대하신 이름이 (제 마음을 포함해) 이 세상 그 무엇보다 더 보배롭고, 더 존귀하고, 더 영예롭고, 더 뛰어나게 하소서.

10절 주관자요 왕이신 주님의 영광스런 통치가 어떤 방해도 받지 않고 (제 마음을 포함해) 이 세상 모든 곳에서 이루어지게 하소서.
천사들이 하늘에서 주님의 지극히 지혜롭고, 선하고, 의로우신 뜻을 즐거운 마음으로 온전히 받들어 섬기듯 세상에서도 그 뜻이 온전히 이루어지게 하소서. 또한, 제 안에서도 그렇게 되게 하소서.

이것이 주기도의 경이로운 부분이다. 이 기도를 드릴 때, 우리는 위대한 일, 영광스러운 일, 범우주적인 일, 영원한 일과 관계를 맺는다. 하나님은 이러한 일이 일어나기를 원하신다. 그분은 우리의 삶이 이처럼 크고, 풍요롭고, 고귀하고 높이 솟아오르기를 바라신다.

그러나 한편으로 우리는 이렇게 기도해야 한다.

11절 아버지여 많은 재물을 구하지 않습니다. 단지 목숨을 유지하는 데 필요한 양식을 구할 따름입니다. 저는 살고 싶고, 또 건강하고 싶습니다. 활력 넘치는 육신과 정신을 원합니다. 제 육신과 정신에 필요한 것을 허락해 주소서.

12절 아버지여, 저는 죄인이기 때문에 날마다 용서가 필요합니다. 죄를 짓고서는 형통한 삶을 살 수 없나이다. 저의 죄를 매일 짊어지고 살아야 한다면, 저는 죽고 말 것입니다. 원망하는 마음을 품고 살고 싶지 않습니다. 제가 용서받을 자격이 없고, 또 그렇기 때문에 다른 사람을 용서하지 않을 권리도 없다는 것을 잘 압니다. 다른 사람이 제게 저지른 잘못을 모두 용서하겠습니다. 제게 긍휼과 용서를 베풀어 주시어 주님의 사랑 안에서 자유롭게 살 수 있게 하옵소서. 주님이 어떤 의미로 이 기도를 가르치셨는지 잘 알고 있습니다. 주님은 자신의 죽음을 가리켜 "이것은 죄 사함을 얻게 하려고 많은 사람을 위하여 흘리는 바 나의 피 곧 언약의 피니라"(마 26:28)고 말씀하셨습니다. 저희가 용서를 구하는 기도를 드리면서 하나님의 용서를 기대하는 이유는 단지 하나님이 우리의 아버지이시기 때문만이 아니라 사랑하시는 독생자를 우리 대신 죽게 하셨기 때문입니다.

13절 아버지여, 저는 죄를 계속해서 짓고 싶지 않습니다. 용서를 베풀어 주시어 참 감사합니다. 그러나 아버지여, 다시 죄를 짓고 싶지 않습니다. 간절히 비오니, 유혹의 올무에 걸리지 않게 도와주소서. 저를 악에서 구원하소서. 저를 사탄과 그의 유혹과 간계로부터 보호하소서. 거룩한 삶을 살아갈 수 있게 도와주소서.

주기도의 이 부분은 이 세상에서의 삶과 관련된 내용으로, 매일 경험해야 하는 삶의 엄숙한 현실을 다룬다. 우리에게는 양식과 용서 그리고 악으로부터의 보호가 필요하다.

예수님은 이 기도를 시작하면서 하나님을 "하늘에 계신 우리 아버지"라고 고백하셨다. 이 표현에는 하나님에 관한 두 가지 사실이 함축되어 있다. 주기도의 두 부분이 그 두 가지 사실과 조화를 이룬다. 첫째, 하나님은 우리의 아버지이시다. 둘째, 하나님은 하늘에 계시는 존재, 곧 우리는 물론, 우주 만물을 무한히 초월하시는 존재이시다. 하나님은 초월자이시기 때문에 경배와 복종과 충성을 받으셔야 할 지고한 권한을 지니신다.

예수님은 마태복음 6장 32절에서 "아버지께서 이 모든 것이 너희에게 있어야 할 줄을 아시기" 때문에 먹을 것과 마실 것과 입을 것을 걱정할 필요가 없다고 말씀하셨다. 예수님은 우리가 하나님의 아버지되심을 깨닫고, 그분이 우리의 기본적인 필요를 기꺼이 채워 주실 것을 조금도 의심하지 않기를 바라셨다.

또한 예수님은 마태복음 5장 34절에서는 "도무지 맹세하지 말지니 하늘로도 하지 말라 이는 하나님의 보좌임이요"라고 말씀하셨다. 다시 말해, 하늘을 생각할 때는 하나님의 보좌, 곧 왕이신 하나님의 위엄과 권능과 권위를 떠올려야 한다.

따라서 "하늘에 계신 우리 아버지여"라는 표현은 기도를 들으시는 하나님이 지극히 엄위로우시며, 또한 자비로우시다라는 고백을 담고 있다. 하나님은 지극히 높은 곳에 계시는 동시에 통회하는 사람과 함께 하신다(사 57:15). 그분은 왕이신 동시에 아버지이시다. 그분은 지극히 거룩하실 뿐 아니라 스스로를 낮추신다. 그분은 우리를 무한히 초월해 계시지만, 기꺼이 우리에게 다가오신다. 하나님은 온 우주와 이 세상을 향한 계획을 가지고 계신다. 그분은 우리가 그런 위대한 계획에 관심을 기울이고, 그것을 위해 기도하기를 원하신다. 또한, 하나님은 우리 각자의 삶을 위한 계획을 가지고 계시며, 우리가 그 계획을 위해 기도하기를 바라신다.

얼마 전 내 일기에 기록한 내용이다.

나의 바람은

하나님의 이름이 거룩히 여김을 받고,

그분의 나라가 임하고,

그분의 뜻이 이루어지는 일에

내가 도구로 사용되는 것이다.

나는 그 목적을 위해 이렇게 기도한다.

건강-일용할 양식을 주옵소서.

소망-저의 죄를 용서하소서.

거룩함-저를 악에서 구하소서.

하나님의 위대한 계획은 무엇보다 그분 자신에 관한 일, 즉 그분의 이름이 거룩히 여김을 받고, 그분의 나라가 임하고, 그분의 뜻이 이루어지는 것에 초점이 맞추어져 있다. 나머지 기도의 목표는 내가 그런 위대한 계획에 이바지하는 데 적합한 사람이 되는 데 있다. 나의 양식, 나의 용서, 나의 구원, 곧 나의 건강과 소망과 거룩한 삶은 모두 하나님의 위대한 목적 즉, 그분의 이름을 영화롭게 하고, 그분의 통치를 찬양하며, 그분의 뜻을 이루는 것에 이바지하기 위한 것이다.

주기도를 드리며 그 뜻을 곰곰이 되새기는 동안, 주기도에 관해 또 한 가지 깨달은 바가 있다.

"이름이 거룩히 여김을 받으시오며"라는 첫 번째 간구는 매우 독특한 의미를 지니는데, 이는 단순히 세 가지 간구 가운데 하나가 아니라, 인간의 마음에서 우러나오는 주관적인 반응을 요구한다는 것이다. 하나님은 우리가 만물 위에 뛰어나신 그 이름을 거룩하게 하고, 존중하고, 공경하고, 숭앙하고, 보배롭고 존귀하게 여기기를 바라신다. 오직 이 간구만이 인간의 주관적인 반응을 요구하며, 나머지 다섯 가지 간구는 인간의 주관적인 반응을 요구하지 않는다.

이런 간구가 기도 맨 처음에 언급된 점과 하나님의 "이름(이름이 거룩히 여김을 받으시오며)"이 하나님 나라나 그분의 뜻보다는 하나님의 존재 자체와 동등한 의미를 지닌다는 점을 염두에 둔다면, 이 간구가 주기도의 중심점이며, 나머지 간구는 모두 이 간구를 위해 존재한다는 결론을 내릴 수 있었다.

주기도는 두 번째 세 가지 간구가 첫 번째 세 가지 간구를 떠받치고, 나머지 다섯 가지 간구가 모두 첫 번째 간구를 떠받치는 구조로 되어 있다.

이것을 깨닫고는 며칠 지난 후, 나는 일기에 다시 이렇게 적었다.

나의 한 가지 큰 열망!
우주의 목적이 하나님의 이름을 거룩하게 하는 것이라는 사실보다
더 확실하고 굳건한 진리는 없다.
하나님의 나라가 이 목적을 위해 임하고,
그분의 뜻이 이 목적을 위해 이루어진다.
또한, 인간이 음식을 통해 생명을 유지하는 것이나,
죄를 용서받는 것이나,
유혹에 걸리지 않는 것도 모두 이 목적을 위해서다.

그런 다음, 그 다음 날 나는 다시 일기에 이렇게 적었다.

주님, 저의 모든 연약함과 한계에도 불구하고
제 인생의 오직 한 가지 목표, 곧 주님의 영광이라는
가장 원대하고 확실한 목표를 늘 잊지 않게 하옵소서.

이것이 핵심이다. 삶은 의식주의 문제(우리에게 일용할 양식을 주시옵고), 인간관계에서 빚어지는 문제(우리 죄를 사하여 주시옵고), 도덕적인 문제(우리를 시험에 들게 하지 마시옵고) 등 여러 가지 문제에 직면하기 마련이다. 그때 우리는 "우리에게 아버지가 계신다."는 사실을 고백해야 한다. 하나님은 세상에서 가장 훌륭한 아버지보다 수천, 수만 배나 더 훌륭하신 아버지가 되시며, 우리의 모든 문제에 깊은 관심을 기울이신다. 그분은 우리가 그런 문제를 기도로 아뢰고, 그 앞에 나아와 도움을 구하기를 바라신다. 하나님은 우리에게 무엇이 필요한지 다 알고 계신다(마 6:32).

물론, 우리는 마땅히 문제를 해결하려고 스스로 노력해야 한다.

"경제적인 문제가 있습니다. 관계로 인한 문제가 있습니다. 나쁜 습관을 버리지 못하는 문제가 있습니다. 아버지여, 도와주소서."

이렇게 기도하면서 문제를 해결하려고 애써야 한다. 하지만 예수님은 주기도를 통해 그보다 좀 더 나은 길을 가르쳐주신다. 이 방법은 당장 이 세상의 모든 문제를 깨끗이 해결해 주지는 않지만, 강력한 치유 능력을 발휘한다. 이 방법은 처음 세 가지 간구, 그 가운데서도 특별히 첫 번째 간구를 통해 주어졌다.

하나님이 우리를 창조하신 목적은 그분의 이름을 거룩하게 하는 일, 그분의 나라가 임하는 일, 그분의 뜻이 하늘에서 이루어진 것 같이 땅에서 이루어지는 일에 참여하게 하시기 위해서다. 하나님은 위대한 일과 현세적인 일, 장엄한 일과 단순한 일을 위해 우리를 창조하시고 이 둘을 모두 사랑하시고 존중하신다. 그러나 하나님의 위대하심과 그분의 나라와 그분의 뜻을 의식하지 않으면, 세상적인 문제에만 압도당하고 만다. 이 사실을 망각할 때가 얼마나 많은가.

하나님의 이름이 거룩히 여김을 받는 것이 우리가 삶 속에서 추구해야 할 가장 크고 중심적인 목표라는 사실을 한시도 잊어서는 안 된다. 하나님께 양식을 구하고, 관계의 치유를 호소하고, 우리를 괴롭히는 죄를 극복하고, 하나님의 뜻을 행하기를 원하고, 하나님의 나라를 구하는 기도를 드리는 이유는 그분의 이름을 거룩하게 하고, 존중하고, 공경하고, 보배롭고 존귀하게 여기기 위해서다.

세상에서 살아가는 우리이기에 주기도의 후반부 세 가지 간구가 필요하지만, 늘 하나님의 범우주적인 뜻과 그분의 나라, 무엇보다도 그분의 거룩하신 이름의 장엄함을 고백하며 살아가야 한다. 그런 점에서 기도는 하나님에 대한 나의 고백이다.

지금은 이 점을 분명히 납득할 수 없을지도 모른다. 하지만 성경의 가르침과 나의 경험을 두고 말하건대, 하나님의 이름을 거룩히 여기는 삶을 살면, 우리의 생각보다 더 많은 구원과 치유와 기쁨을 경험할 수 있다. 우리 모두 주기도의 충만한 정신에 따라 항상 기도하며 살아가자.

chapter 4

기도는 탄원서다
: 중보사역으로서의 기도

조엘 비키

"**이름이 거룩히** 여김을 받으시오며"라는 말은 "하나님의 행위를 촉구하는 일종의 탄원서에 해당한다. 이 간구를 비롯해 다른 기도들 역시 동사로 시작하는 헬라어 문장 구조로 되어 있다. "주님의 이름이 거룩히 여김을 받게 하소서", "주님의 나라가 임하게 하소서", "주님의 뜻이 이루어지게 하소서"라는 뜻이다. 각각의 기도에는 "하늘에서처럼 땅에서도"라는 문구를 모두 덧붙일 수 있다. 이러한 기도는 정중한 요청으로, 하나님의 종들이 충정어린 마음으로 그분께 간곡히 탄원하는 것을 뜻한다. 동사의 형태가 모두 수동태인 이유는 우리가 무엇을 하겠다는 의미가 아니라 하나님이 없으면 우리는 아무것도 할 수 없다는 사실을 인정하고, 하나님이 나서 주시기를 간곡히 애원하는 의미다.

이름에는 어떤 의미가 있을까? '로미오와 줄리엣'에서 줄리엣이 "장미는 다른 이름으로 불러도 여전히 향기롭다."라고 말했듯, 이름은 현실을 바꿀 수 없다. 장미를 민들레라고 불러도 장미는 여전히 장미다.

하지만 꽃가게에 가서 장미를 민들레라는 이름으로 주문한다면, 장미를 살 수 없다. 이름을 잘못 부르면 다른 사람들을 잘못 인도할 수 있다. 길을 가르쳐 줄 때 도로의 명칭을 잘못 알려 주면 그런 결과가 나타난다.

요즘 서구의 부모들은 자녀에게 그저 듣기에 좋고, 선호도가 높은 이름을 지어 준다. 영국에는 딸 이름으로 가장 인기 있는 이름 중에 사라라는 이름이 있다. 요크 공작부인이자 앤드류 왕자의 전 아내였던 사라 퍼거슨 때문이다. 이름을 짓는데, 이름의 의미나 역사적 중요성을 별로 고려하지 않는다.

그러나 성경 시대에는 그렇지 않았다. 부모들은 자녀들에게 미래에 대한 소망이나 특별한 의미를 담은 이름을 지어 주었다. 때로 하나님의 속성을 뜻하는 이름을 아이에게 지어 주어, 하나님이 그 아이의 삶을 통해 자신을 드러내 주시기를 바랐다.

다니엘서 1장 6절에 나오는 다니엘의 세 친구들의 이름이 그렇다. 다니엘은 "하나님은 나의 재판관이시다", 하나냐는 "주님은 은혜로우시다", 미사엘은 "하나님과 같은 이가 누구냐?" 그리고 아사랴는 "주님이 도우신다"는 뜻을 가지고 있다. 한편, 사무엘상 25장에 등장하는 아비가일의 남편 나발의 이름은 "미련한 자"(25절)를 의미한다. 실제로 그는 참으로 어리석은 사람이었기 때문에 그의 가족과 재산을 위태한 지경으로 몰아넣었다.

사람의 이름과 성품이나 행동은 서로 관계가 있을 수 있다. 그래서 어떤 사람은 유명인의 이름을 따라 자녀의 이름을 지으면서 자신의 자녀도 그 이름이 뜻하는 바처럼 살기를 바란다.

다윗은 하나님의 마음에 합한 사람이었고(삼상 13:14, 행 13:22), 베드로는 반석의 의미를 지니고 있고(마 16:18), 요한은 "주님은 은혜로우시다"(눅 1:13)라는 뜻을 지니고 있다. 이것을 생각하며 자녀들의 이름을 짓는 경우가 그렇다. 물론 위대한 사도였던 바울의 이름을 따라 이름을 짓는 부모도 있다. 반면, 바울을 처형했던 로마 황제 네로의 이름은 보통 애견의 이름을 지을 때 사용된다.

사람의 이름도 이렇듯 의미가 있을진대, 하나님의 이름은 더욱더 그렇다. 하나님의 이름은 그분의 존재(본질), 그분의 온전한 속성, 그분의 사역과 관련된다. 제임스 피셔는 하나님의 이름은 "하나님이 자기를 나타내기를 기뻐하시는 모든 것", 곧 그분의 이름과 칭호와 속성과 말씀과 사역을 모두 포함한다고 말했다.[1]

하나님은 모세에게 "나는 스스로 있는 자이니라"(출 3:14)고 자신을 계시하셨다. 이는 하나님이 이스라엘 백성 가운데 널리 알려져 경배를 받으시기를 원하셨던 언약의 이름(여호와)이었다. 이 이름은 선택받은 백성들의 온전한 신뢰를 받으시기에 합당하신 하나님의 본성과 성품, 곧 영원하고, 신실하고, 언약에 충실하실 뿐 아니라 절대 변하지도 변할 수도 없는 그분의 속성을 드러낸다. "썩지 아니하고 보이지 아니하고 홀로 하나이신 하나님"(딤전 1:17)은 "어제나 오늘이나 영원토록 동일하신"(히 13:8, 시 72:17) 그분의 아들 예수 그리스도 안에서 자신을 가장 온전하게 드러내셨다.

또한, 하나님의 이름은 그분이 자기 백성의 보호자요 피난처이시라는 사실을 계시한다. 시편 20편 1절은 "환난 날에 여호와께서 내게 응답하시고 야곱의 하나님의 이름이 너를 높이 드시며"라고 말하며, 잠언 18장 10절은 "여호와의 이름은 견고한 망대라 의인은 그리로 달려가서 안전함을 얻느니라"라고 말한다. 하나님의 백성은 그분의 이름을 사랑하고(시 69:36), 그분의 이름을 두려워하며(말 4:2), 그분의 이름을 부르고(습 3:9), 그분의 이름을 찬양한다(시 100:4).

하나님의 이름은 그분의 평판과도 관련된다. 잠언 22장 1절은 "많은 재물보다 명예를 택할 것이요"라고 가르치며, 제임스 피셔도 선한 이름은 "경건하고 소박한 사람들 가운데서 명예와 존귀를 얻는다(시 16:3, 101:6)."라고 말했다.[2] 이렇듯 사람이 자신이 속한 공동체 내에서 선한 평판을 유지하기 위해 노력하듯, 하나님 역시 세상에서 자신의 명예를 지키기를 원하신다.

여호수아는 아이 성 싸움에서 참패한 후 하나님께 이렇게 호소했다. "주여 이스라엘이 그의 원수들 앞에서 돌아섰으니 내가 무슨 말을 하오리이까……주의 크신 이름을 위하여 어떻게 하시려 하나이까"(수 7:8, 9).

성경은 "여호와의 이름을 부르는 것"(창 4:26, 롬 10:11-13)을 신앙과 예배의 가장 근본적인 행위로 묘사한다. 여호와의 이름을 부른다는 것은, 하나님이 스스로에 대해 계시하신 진리와 그분이 선택받은 백성의 구원을 위해 행하신 일과 그리스도 안에서 우리를 위해 행하시겠다고 약속하신 모든 일을 인정함을 의미한다. 따라서 공경심 없이 함부로 하나님의 이름을 입에 올려서는 안 된다.

주 예수 그리스도께서는 기도를 가르치시면서 영광스런 어조로 "하늘에 계신 우리 아버지여 이름이 거룩히 여김을 받으시오며"(마 6:9)라고 기도를 시작하셨다.

그리스도께서는 하나님의 존재와 그분이 가장 중요하게 생각하시는 일에서부터 시작하라고 가르치신 것이다. 따라서 주기도의 서문으로 알려진 이 간구는 모든 진실한 기도의 출발점을 결정하는 전제에 해당한다.

기도의 출발점

하나님이 가장 중요하게 생각하시는 것은 무엇일까?

예수님은 하나님의 아버지되심, 하나님의 거룩한 영광, 그분의 거룩한 이름, 그분의 영원한 나라, 그분의 의로우신 뜻을 가장 중요하게 생각하셨다. 예수님은 그런 관심을 기도의 출발점으로 삼으라고 말씀하신다. 우리에게 당장 중요한 것들, 이를 테면 질병이나 경제적인 어려움, 다양한 삶의 문제로부터 기도를 시작해서는 안 된다. 하나님이 가장 중요하게 생각하시는 것을 기도의 출발점으로 삼아야 한다.

물론, 우리의 필요가 중요하지 않다는 뜻이 아니다. 하나님은 항상 우리를 생각하시고(시 8:4), 우리의 모든 환난에 동참하시며(사 63:9), 아버지와 같은 자애로운 사랑으로 우리를 돌보신다(벧전 5:7, 시 103:13). 그럼에도 불구하고, 하나님의 이름과 영광은 너무나도 중요하기 때문에 특히 기도할 때는 이 점을 가장 중요하게 생각해야 한다.

그러나 우리는 기도할 때, 이 점을 잊을 때가 많다.

"이름이 거룩히 여김을 받으시오며"라는 주기도의 첫 번째 간구는,

우리가 인간중심적인 기도를 드릴 때가 너무 많다는 사실을 상기시켜 준다. 자기중심적인 기도를 드리면 우리의 필요가 채워질 것처럼 보이지만, 실상은 아무 만족도 얻을 수 없다. 왜냐하면 우리에게 가장 필요한 것은 하나님을 알고 그분의 영광을 세상에 널리 전하는 것이기 때문이다. 이러한 목적에 이바지하지 않는 기도는 단지 고객이 용역을 제공할 사람을 찾듯 우리의 욕구를 해결해 줄 존재를 찾는 행위에 지나지 않는다.

예수 그리스도께서는 첫 번째 간구를 통해, 기도를 시작할 때 하나님의 거룩하심과 온전하심을 깊이 의식하는 마음이 우리 안에 충만해야 한다는 사실을 일깨워 주신다. 기도를 드릴 때 하나님의 영광을 높이는 일은 매우 중요하다.

나는 북아일랜드를 방문하던 중 그곳에서 만난 몇몇 기독교인들의 기도에 깊은 감명을 받은 적이 있다. 그들의 기도는 하나님의 속성을 열거하며, 그분을 창조주요 시혜자요 구원자로 찬양하는 내용이 주를 이루었기 때문이다. 그들의 기도는 시편 145편에 기록된 다윗의 기도처럼, 하나님을 찬양하고 경배하는 데 초점을 맞춘 기도였다.

조세프 알렉산더는 시편 145편을 이렇게 주해했다. "히브리 알파벳 순서에 따라 답관체 형식을 취하는 이 시편은……한 가지 주제(온 인류, 특별하게는 하나님의 백성 전체, 더욱 특별하게는 고난당하는 성도를 향한 그분의 의로우심과 선하심)를 다양하게 표현하고 있다."[3] 이 시편은 전체가 하나의 찬양으로 하나님을 높이 칭송하며 그분의 이름을 영화롭게 한다.

우리도 하나님께 기도할 때 그런 태도를 취해야 한다. 우리는 하나님의 명예와 영광이 우리의 삶과 교회 안에서는 물론, 이 세상, 곧 그분의 이름이 너무나도 자주 짓밟히고 있는 이 땅에서 찬란히 빛을 발하기를 간구해야 한다.

단순한 기도가 아닌 탄원

"이름이 거룩히 여김을 받으시오며"라는 말은 하나님의 행위를 촉구하는 일종의 탄원서에 해당한다.

이 기도를 비롯해 다른 기도들 역시 동사로 시작하는 헬라어 문장 구조로 되어 있다. "주님의 이름이 거룩히 여김을 받게 하소서", "주님의 나라가 임하게 하소서", "주님의 뜻이 이루어지게 하소서"라는 뜻이다. 그리고 각각의 기도에는 "하늘에서처럼 땅에서도"라는 문구를 모두 덧붙일 수 있다.

이러한 기도는 정중한 요청으로, 하나님의 종들이 충정어린 마음으로 그분께 간곡히 탄원하는 것을 뜻한다. 동사의 형태가 모두 수동태인 이유는 우리가 무엇을 하겠다는 의미가 아니라 하나님이 없으면 우리는 아무것도 할 수 없다(요 15:5)는 사실을 인정하고, 하나님이 나서 주시기를 간곡히 애원하는 의미다. 즉, 주기도는 우리가 하나님을 위해 무슨 일을 행하겠다는 뜻이 아니라, 하나님이 친히 해 주시기를 간절히 염원하는 뜻이 담겨 있다.

그렇다면, "이름이 거룩히 여김을 받으시오며"라는 기도는 하나님께 구체적으로 무엇을 탄원하는 것일까?『하이델베르크 교리문답』은 "이름이 거룩히 여김을 받으시오며"라는 주기도의 첫 번째 기도를 이렇게 설명한다.

"무엇보다도 주님을 올바로 알게 해주시고, 주님의 권능과 지혜와 선하심과 정의와 긍휼과 진리를 밝히 드러내는 주님의 모든 사역 안에서 주님을 거룩하게 여기고, 영화롭게 하고, 찬양하게 하소서. 또한 우리의 모든 삶과 생각과 말과 행동을 인도하시어 주님의 이름이 우리 때문에 모독을 받지 않고, 영광과 찬양을 받게 하소서"(122문).

이렇듯 우리는 이런 탄원을 통해 하나님께 세 가지를 구할 수 있다. 첫째는 "주님을 올바로 알게 해주시기를" 바라는 것이고, 둘째는 "주님을 거룩히게 여기고, 영회롭게 하고, 찬양할 수 있는" 능력과 의지를 구하는 것이며, 셋째는 "우리의 모든 삶과 생각과 말과 행동을" 통해 하나님의 영광을 드러내는 데 필요한 도우심과 인도하심을 구하는 것이다.

따라서 이 탄원은 하나님이 자신의 이름을 온 인류에게 알게 하시어 사람들이 그 이름을 공경할 수 있게 해주시고, 사람들을 가르쳐 삶의 모든 것을 통해 그 이름을 기리고 찬양할 수 있게 해달라는 의미를 담고 있다.

아버지여, 주님을 올바로 알게 해주소서

하나님의 이름을 거룩히 여기려면, 그분이 어떤 분인지 알아야 한다. 여기에서 "거룩히 하다"는 "거룩하다고 여김을 받게 하다"라는 뜻이다.[4]

하나님의 이름이 거룩히 여김을 받고 있는지를 알려면, 먼저 하나님의 거룩하심이 무엇인지를 알아야 한다. 오직 하나님만이 우리에게 자신을 계시하실 수 있다. 따라서 『하이델베르크 교리문답』은 주기도의 첫 번째 간구를, 하나님을 옳게 알고자 하는 갈망을 표현한 것으로 해석했다.

"무엇보다 주님을 올바로 알게 해주소서."

그러면, 하나님을 어떻게 올바로 알 수 있을까? 『하이델베르크 교리문답』은 "주님의 권능과 지혜와 선하심과 정의와 긍휼과 진리를 밝히 드러내는 주님의 모든 사역 안에서" 하나님을 알 수 있다고 말한다.

하나님의 사역은 그분의 권능과 선하심을 드러내는데, 시편은 곳곳에서 이 진리를 증언한다. "하늘이 하나님의 영광을 선포하고 궁창이 그의 손으로 하신 일을 나타내는도다"(시 19:1). 하나님이 창조하신 웅장한 세계를 떠올리면 찬양이 우러나오지 않을 수 없다.

바울 사도는 하나님이 세상을 창조하셨다는 사실을 만민이 알고 있다고 말했다.

"창세로부터 그의 보이지 아니하는 것들 곧 그의 영원하신 능력과 신성이 그가 만드신 만물에 분명히 보여 알려졌나니"(롬 1:20).

그러나 과연 사람들은 하나님의 영원한 권능과 신성을 인정하고 그분을 찬양하고 있는가? 안타깝게도 그렇지 않다. 그들은 불의로 진리를 억압하고 하나님을 영화롭게도 하지 않고 그분께 감사하지도 않는다. 사람들은 창조주 대신 피조물을 경배한다(롬 1:21-25).

하지만 하나님의 은혜로 신자들은 창조주 하나님을 찬양한다. 성령께서 선택받은 백성의 마음과 생각을 새롭게 하시는 순간, 그들의 눈이 열려 일출의 찬란한 광경이나 웅장한 산, 광활한 평야의 나무와 풀들이 바람에 물결치는 모습 속에서 세상을 창조하신 하나님의 권능과 아름다움을 발견한다. 하나님의 자녀는 이 모든 것을 보고, "이것이 하늘에 계신 내 아버지께서 만드신 세상이다. 아버지여, 이름이 거룩히 여김을 받으소서."라고 외친다.

그러니 하나님의 가장 위대한 사역은 창조가 아니라 예수 그리스도를 통한 하나님의 구속사역이다. "하늘에 계신 우리 아버지여 이름이 거룩히 여김을 받으시오며"라는 탄원은 예수님의 기도와 일맥상통한다. 예수님께서는 죽음이 바로 임박한 상황에서 "아버지여, 아버지의 이름을 영광스럽게 하옵소서"(요 12:28)라고 탄원하셨다.

또한 예수님은 나중에 다락방에서도 "아버지여 때가 이르렀사오니 아들을 영화롭게 하사 아들로 아버지를 영화롭게 하게 하옵소서 아버지께서 아들에게 주신 모든 사람에게 영생을 주게 하시려고 만민을 다스리는 권세를 아들에게 주셨음이로소이다 영생은 곧 유일하신 참 하나님과 그가 보내신 자 예수 그리스도를 아는 것이니이다"(요 17:1-3)라고 기도하셨다.

예수님은 "대제사장의 기도"를 드리시면서 "아버지의 이름"이라는 표현을 네 차례나 언급하셨다. 예수님께서는 하나님을 "거룩하신 아버지", "의로우신 아버지"(요 17:11, 25)로 부르셨다. 그리스도께서는 자신을 거룩하게 하시는 것처럼 말씀의 진리로 제자들을 거룩하게 해주시기를 성부께 탄원하셨다(요 17:17, 19). 이렇듯, 예수님의 기도는 모두 "하늘에 계신 우리 아버지여 이름이 거룩히 여김을 받으시오며"라는 탄원과 밀접한 관련을 맺고 있다.

동시에 그리스도께서는 "아들을 영화롭게 하사 아들로 아버지를 영화롭게 하게 하옵소서"(요 17:1)라고 기도하셨다. 성부께서는 성자를 영화롭게 하심으로써 자신의 이름을 영화롭게 하신다. 그리스도께서는 하나님의 오른편에 오르시어 영광스런 중보 사역을 행하시는데, 이 사역은 삼위일체 하나님의 경륜 속에서 이미 영원 전에 약속된 것이다(요 17:5, 24). 빌립보서 2장 9-11절은 이렇게 말한다.

"이러므로 하나님이 그를 지극히 높여 모든 이름 위에 뛰어난 이름을 주사 하늘에 있는 자들과 땅에 있는 자들과 땅 아래에 있는 자들로 모든 무릎을 예수의 이름에 꿇게 하시고 모든 입으로 예수 그리스도를 주라 시인하여 하나님 아버지께 영광을 돌리게 하셨느니라"

"이름이 거룩히 여김을 받으시오며"라는 탄원은 거룩하신 선지자요 제사장이요 왕이실 뿐 아니라 "하나님과 사람 사이에" 유일한 중보자이신 예수 그리스도의 영광이 우리와 세상 만민에게 밝히 드러나기를 바라는 기도다.

한편, 아들을 영화롭게 해달라는 그리스도의 기도에는 그분의 고난과 죽으심이 포함되어 있다. 예수님은 가룟 유다가 배신을 결심하고 다락방을 떠나자 "지금 인자가 영광을 받았고 하나님도 인자로 말미암아 영광을 받으셨도다"(요 13:31)라고 말씀하셨다.

주님의 생애 가운데 가장 암울했던 시기, 곧 배신당하고, 버림받고, 부당한 재판을 통해 단죄되고, 배척당하고, 악의적인 대우를 받고, 십자가에 못 박혀 죽으셔야 했던 시기에 그분의 영광이 찬란하게 빛을 드러낸 것이다. 하나님은 갈보리의 십자가에서 자신의 이름을 가장 완전하게 계시하셨다. 하나님은 죄의 징벌을 통해 정의를 드러내셨고, 죄인들의 구원을 위해 독생자를 죽음에 넘겨 주심으로 지극한 사랑을 보여 주셨다.

성부 하나님은 갈보리에서 이루어진 성자의 희생을 통해 자신의 모든 속성을 참으로 아름답고도 적절하게 조화시키셨다. 그리스도의 십자가는 고난과 수치, 위대함과 영광을 동시에 드러내는, 장엄한 역설이 아닐 수 없다. 갈보리에서 무한한 선과 무한한 정의가 함께 조화를 이루었고, 주 예수 그리스도의 인격과 사역을 통해 온전히 성취되었다. "인애와 진리가 같이 만나고 의와 화평이 서로 입맞추었으며"(시 85:10)라는 말씀이 그대로 이루어진 것이다.

알렉산더는 이렇게 주해했다.

"자격이 없는 죄인들에게 베풀어진 하나님의 긍휼(값없는 은혜)이 이제 그분의 진리, 곧 그분의 정의(공의)와 조화를 이루었다. 죄인들은 멸망을 받을 수밖에 없는 처지였지만, 이제는 평화와 안전함을 얻게 되었다. 절대 양립할 수 없을 것처럼 보였던 것이 하나가 되었다."[5]

십자가 아래에서 경배하는 사람은 임마누엘, 곧 "육체로 오신"(요일 4:2) 하나님의 "본체의 형상"(히 1:3)을 뵙고는 경이로움을 느끼며 겸손히 머리를 조아리게 된다. 바로 그 십자가에서 하나님의 "이름이 거룩히 여김을 받으시는" 역사가 일어난 것이다.

우리는 온 세상이 그리스도 안에서 하나님의 영광을 볼 수 있기를 간절히 탄원해야 한다. 또한, 죄를 깨닫게 하시는 성령의 역사를 통해 복음이 만민에게 전파되어 "땅의 모든 끝이 여호와를 기억하고 돌아오며 모든 나라의 모든 족속이 주의 앞에 예배하게"(시 22:27) 해달라고 간절히 탄원의 기도를 올려야 한다.

그리스도께서는 "아들을 영화롭게 하사 아들로 아버지를 영화롭게 하게 하옵소서"라고 기도하셨다. 그렇다면 그리스도께서 영광을 받으시는 것이 어떻게 성부 하나님께 영광이 될까?

이 질문에 대한 대답은 "아버지께서 아들에게 주신 모든 사람에게 영생을 주게 하시려고 만민을 다스리는 권세를 아들에게 주셨음이로소이다"(요 17:2)라는 예수님의 말씀에서 찾을 수 있다. 그리스도께서 만민을 다스리는 주님으로 높임을 받으셨기 때문에 그분은 하나님이 선택하신 모든 사람에게 영생을 주실 수 있다. 그분은 은혜를 입은 죄인들에게 영생을 주심으로써 그들에게 성부 하나님의 영광을 드러내신다. "영생은 유일하신 참 하나님과 그가 보내신 자 예수 그리스도를 아는 것이니이다"(요 17:3)라고 가르치셨다.

이 모든 말씀의 논리를 잘 이해할 수 있겠는가? 성부께서 성자의 죽으심과 부활을 통해 성자를 영화롭게 하셨기 때문에 성자께서는 선택받은 자들에게 영생을 주실 수 있게 되셨다. 결국 영생은 하나님을 아는 것에서 비롯한다.

선택받은 자들은 그리스도를 통해 성부 하나님의 사랑과 의를 알게 되고, 그분의 위엄과 긍휼을 깨닫는다. 하나님은 자기 이름의 영광을 죄인들을 구원하는 성자의 사역과 영원히 하나로 만드셨기 때문에, "이름이 거룩히 여김을 받으시오며"는 복음전도와 선교를 위한 탄원의 기도라고 할 수 있다.

우리는 이 기도를 드릴 때마다 복음이 온 세상의 모든 민족, 특히 선택받은 모든 사람에게 두루 퍼지게 될 것을 알기에 크게 기뻐하지 않을 수 없다.

따라서 "이름이 거룩히 여김을 받으시오며"라는 탄원은 그저 막연히 하나님의 영광을 비는 기도가 아니다. 이 기도를 옳게 드리려면 반드시 그리스도를 믿는 믿음이 있어야 한다. 주기도의 첫 번째 간구에는 "사람들이 그리스도께서 계시하신 대로 하나님을 알게 하시어 그 영광스러우신 이름이 중심이 되게 하소서."라는 의미가 담겨 있다.

예수님은 아들이 없으면 어느 누구도 아버지를 알 수 없고, 또한 아들이 아버지를 계시하기로 선택한 자들만이 아버지를 알 수 있다(마 11:27)고 말씀하셨다. 그리스도께서 선포하신 복음에 충실하려면, 오직 하나님의 아들 예수 그리스도의 인격과 사역을 통해서만 하나님을 옳게 알 수 있다고 간단하고도 직접적인 말로 말해야 한다. 그와 다른 방법으로 하나님을 알 수 있다고 주장하는 사람은 살아 계신 참 하나님이 아닌 우상을 섬기는 셈이다.

기독교의 배타성은 다원화된 사회에서 다문화의 가치를 옹호하는 많은 사람을 불쾌하게 만든다. 종교의 자유는 나름대로 가치가 있지만, 다원주의는 단순한 종교의 자유를 뛰어넘는 개념이다. 철학적 다원주의는, 다양할 뿐 아니라 심지어는 서로 모순되는 신학 사상과 종교 관습까지 모두 똑같이 타당하게 받아들일 것을 요구한다. 안타깝게도, 오늘날의 기독교인들은 이런 다원주의 사상에 굴복해 예수 그리스도 안에 계시된 하나님의 이름과 명령이 배타적 성격을 띠고 있다는 사실을 강력하게 주장하지 못하고 있다.

회개하고 예수님을 믿지 않으면 영원한 형벌을 피할 수 없다는 복음의 핵심 진리를 단호한 태도로 사람들에게 전하지 못하는 이들이 우리 가운데 너무 많다.

"이름이 거룩히 여김을 받으시오며"라고 기도할 때, 그 "이름"이 사람들이 제멋대로 상상하는 하나님이 아니라 성경의 참 모습 그대로의 하나님을 가리킨다는 사실을 잊어서는 안 된다.

우리는 하나님의 진리가 거짓으로 바뀐 세상에서(롬 1:25) "이름이 거룩히 여김을 받으소서! 예수님을 통해 주님의 영광을 밝히 드러내소서!"라고 탄원하며 부르짖어야 한다. 이것이 이 기도에 담긴 첫 번째 의미다.

아버지여, 우리로 하여금 주님께 영광을 돌리게 하소서

머리로만 아는 지식, 곧 마음을 움직이지 못하는 지식은 하나님의 이름을 거룩히게 하지 못한다. 하나님은 단지 진리만이 아니라 영으로 예배하는 자들을 찾으시기 때문이다(요 4:24). 여기에서 "영"은 성령의 영감과 조명을 통해 전해진 진리에 감동을 받고, 그로 인해 생명이 충만해진 심령 상태를 가리킨다.

『하이델베르크 교리문답』은 주기도의 첫 번째 기도가 하나님이 우리의 마음을 움직여 "주님을 거룩하게 여기고, 영화롭게 하고, 찬양할 수 있게" 해달라는 의미를 지닌다고 가르친다. 그렇게 되려면, "자기의 기쁘신 뜻을 위하여 너희에게 소원을 두고 행하게 하시는"(빌 2:13) 하나님의 역사가 우리 안에서 일어나야 한다.

여기에서 "영화롭게 하다"라는 말은 "높이 칭송하다"라는 뜻이다.[6] 이 말은 하나님의 위대한 권능, 그분의 영광스런 나라, 그분의 변치 않는 사랑, 그분의 풍성한 긍휼, 그분의 넘치는 은혜를 선포함으로써 하나님을 찬양한다는 의미를 지닌다. 이는 한 마디로 하나님의 광대하심을 선포함을 의미한다. 다윗이 그렇게 한 것처럼 말이다.

그는 시편 34편 1-3절에서 "내가 여호와를 항상 송축함이여 내 입술로 항상 주를 찬양하리이다 내 영혼이 여호와를 자랑하리니 곤고한 자들이 이를 듣고 기뻐하리로다 나와 함께 여호와를 광대하시다 하며 함께 그의 이름을 높이세"라고 말했다.

주님을 옳게 이해하는 신자는 마음에 감동을 느끼고 하나님을 하나님으로 옳게 찬양하며, 감사하는 마음으로 그분의 거룩하신 이름을 높이 칭송하기 마련이다. 하나님의 이름을 거룩히 여긴다는 것은 그분을 신뢰하고 사랑하며, 그분의 뜻을 행하고, 그분의 이름을 "천지를 지으신 여호와"(시 124:8)로 고백하는 것을 의미한다.

사실 하나님은 우리의 기도를 필요로 하지도 않으시고, 또 우리가 그 영광을 높이는 일을 거들기를 원하지도 않으신다. 하나님은 스스로 지극히 영광스러우시기 때문이다. 우리는 그분의 본질적 영광에 아무 보탬이 되지 않는 존재다. 그러나 우리에게 주어진 "너희 빛이 사람 앞에 비치게 하여 그들로 너희 착한 행실을 보고 하늘에 계신 너희 아버지께 영광을 돌리게 하라"(마 5:16)는 말씀대로, 삶을 통해 믿음을 밝히 드러내는 것이 우리에게 주어진 소명이다. 따라서 "이름이 거룩히 여김을 받으시오며"라는 기도는 곧 우리의 가정과 교회와 나라와 세상에서 하나님의 거룩하심을 높이 찬양할 수 있는 은혜를 구하는 기도라고 할 수 있다.

앞서 말한 대로, 주기도의 첫 번째 간구는 예배를 드릴 때 하나님을 영과 진리로 예배할 수 있는 은혜를 구함을 뜻한다. 하지만 요즘의 예배를 살펴보면 하나님과 그분의 속성, 그분의 놀라운 사역이나 죄에 대한 그분의 거룩한 진노를 언급하지 않는 경우가 많다. 대신 우리 자신과 우리의 감정에 주로 초점을 맞춘다. 하지만 성경이 가르치는 예배는 그러한 예배가 아니다. 성경은 시편 찬송을 부르라고 명령한다. 시편 찬송은 하나님 중심의 예배가 무엇인지 분명히 보여 준다(시 47:6-7, 95:2, 105:2).

너희 성도들아, 하나님의 거룩하신 이름을 기억하라.
여호와를 찬양하라.
그분의 분노는 잠깐이요, 그분의 은혜는 평생이로다.

지극히 높으신 하나님께 모든 영광과 권세와 존귀함을 돌리세.
하나님의 팔이 그분의 능력을 의지하는 백성들을 보호하시네.

하나님의 거룩하신 처소에서 그분의 두려운 영광이 밝히 빛나네.
주님의 백성을 강하게 하시오니, 끝없는 찬양이 주님의 것이네.

오, 하늘의 주님이시여. 저희가 아니라 주님이 영광을 받으소서.
주님은 사랑과 진리로 그 주권적인 뜻에 따른 계획을 이루시나이다.
세상 나라들은 주님의 능력을 인정하지 않아도,
오직 주님 홀로 온 세상을 다스리시옵니다.[7]

아이작 와츠가 지은 다음의 찬송가도 하나님 중심의 예배를 가르친다. 홀로 예배를 드리거나 가정에서 예배를 드릴 때도 이런 찬송가를 부르면 많은 도움이 된다.

영원한 권능이 지극히 높은 곳에서
하나님의 장엄함을 밝히 드러내고,
한계가 없는 무한한 공간 안에서
별들이 작은 원을 그리며 돌고 있네.

주님, 흙과 먼지에 불과한 저희가 무엇을 하오리까?
저희도 창조주를 찬양하나이다.
지극히 위대하고, 거룩하고, 높으신 주님께
저희가 죄와 먼지 가운데서 부르짖나이다.[8]

세상에는 아직도 하나님의 이름조차 모르는 곳이 많다. 그곳 사람들은 다른 신들을 경배하고, 찬양하고, 그들에게 기도한다. 그러나 분명 예수님의 구원 사역이 정점에 이르고, 마침내 하나님의 이름이 온전한 영광을 되찾을, 진정 위대한 날이 올 것이다. 하나님의 백성이 바라는 가장 큰 소원 중 하나는 하나님의 이름이 영화롭게 되고, 온 세상 사람들이 그분의 이름과 그분의 진정한 모습을 알고, 믿고, 찬양하는 것이다.

우리는 때로 "주님, 제 할머니가 아직 구원받지 못했습니다. 할머니의 눈에서 어둠을 제거하고, 예수 그리스도의 얼굴에서 비추는 복음의 빛을 할머니의 마음에 비춰 주시어 죄를 뉘우치고 주님을 믿을 수 있게 해주소서. 할머니의 마음을 열어 주님이 마땅히 받으셔야 할 사랑으로 주님을 경배하게 하소서."라고 기도한다.

이러한 기도를 드릴 때, 하나님의 이름이 세상에서 중심이 되기를 바라는 마음으로 기도해야 한다. 할머니가 믿는다면, 하나님이 그녀를 어둠의 나라에서 건져내시어 유일하고 참된 빛이신 예수 그리스도께 인도하실 것이기 때문에 그분의 명성과 명예가 더 드높아지고, 그분의 이름이 중심이 되는 결과가 나타날 것이다. 바로 이 점이 우리가 사랑하는 사람들의 구원을 바라는 가장 큰 이유가 되어야 한다.

주기도를 읽으면서, 죄인들을 구원해 주시기를 바라고, 선교사들의 사역에 축복을 구하는 내용이 없는 이유가 궁금해질 수 있다. 그러나 주기도에는 이미 그런 내용이 내포되어 있다.

하나님의 이름이 거룩히 여김을 받게 해달라고 기도하는 것은, 곧 그분의 이름과 명성과 명예가 세상에서 드높아지기를 기도하는 것과 다름없다. 복음전도와 선교의 목적은 영적 생명을 얻고, 진심을 다해 참된 하나님을 예배하는 사람들을 길러내는 데 있다.

이 탄원의 기도는 우리 가정과 교회와 이 나라에서만이 아니라 온 세상에서 주님의 영광이 밝히 드러나기를 염원한다. 온 세상에 여호와를 아는 지식이 가득 차고 넘치면(사 11:9), 여호와의 영광이 밝히 드러나고(사 40:5), 온 인류가 스랍들과 더불어 "거룩하다 거룩하다 거룩하다 만군의 여호와여 그의 영광이 온 땅에 충만하도다"(사 6:3)라고 크게 외치는 역사가 일어날 것이다.

하나님이 참된 예배자들을 불러 모으시고, 온 세상이 하나님의 권능과 지혜와 선하심과 정의와 긍휼과 진리를 옳게 깨달아 그분을 참 하나님으로 알고 인정하기를 바라는 것이 첫 번째 간구에 담긴 두 번째 의미다. 우리는 하나님이 사람들의 마음을 움직여 그분을 하나님으로 알아 영광을 돌릴 수 있게 해달라고 간절한 탄원의 기도를 드려야한다.

아버지여, 삶을 통해 주님의 영광을 드러내게 하소서

『하이델베르크 교리문답』은 계속해서 "우리의 모든 삶과 생각과 말과 행동을 인도하시어 주님의 이름이 우리 때문에 모독을 받지 않고, 영광과 찬양을 받게 하소서"라고 말한다.

이 기도는 하나님의 존재와 사역은 물론, 우리의 인간됨과 우리의 행위 전체를 아우른다. 우리의 일과 생각과 말과 행위를 통해 하나님을 창조주요 구원자요 우리를 거룩하게 하시는 분으로 알고, 거기에 합당한 영광을 돌리는 것이 우리의 사명이다.

나는 생각을 다해 하나님을 영화롭게 하고 있는가? 시편 저자처럼 "나의 기도(주님에 대한 묵상)를 기쁘게 여기시기를 바라나이다"(시 104:34)라고 말할 수 있는가? 하나님을 생각하지 않으면, 생각으로 하나님의 이름을 영화롭게 할 수 없다. 가는 곳마다 하나님의 이름을 말하고, "그분의 거룩하신 이름을 경외하며 존경하지" 않는다면 그분의 이름을 영화롭게 할 수 없다.

나는 "하나님의 계명 가운데 일부가 아니라 그 전부를 지키며 살겠다."고 결심하고, 행위로 하나님을 영화롭게 하고 있는가? 하나님을 두려워함으로써 만군의 여호와이신 그분을 거룩히 여기고 있는가(사 8:13)? 어린아이 같은 경외심으로 하나님을 섬기는가(히 12:9)?

어린아이 같은 믿음과 복종심, 경건한 두려움, 기쁨에서 우러나오는 감사가 없으면 행위로 하나님을 영화롭게 할 수 없다. 우리의 삶이 이렇게 변화되어 하나님께 영광과 찬양을 돌리려면, 하나님의 은혜는 물론이고, 성령과 말씀의 인도와 도우심이 필요하다.

삶이 기도를 뒷받침하고 있는가? 아니면 거룩하지 못한 삶을 살면서 하나님의 이름이 거룩히 여김을 받게 해달라고 기도하는가? 행동으로 하나님의 이름을 거룩히 여기는 삶을 살고 있는가? 다른 신자들에게 본이 되는 삶을 살고 있는가? 하나님과 겸손히 동행함으로써 그분의 성품을 삶에서 드러내고 있는가? 가정과 교회와 일터와 학교에서 하나님의 이름을 거룩하게 하려고 애쓰는가? 삶을 통해 하나님의 성품과 영광과 아름다우심과 거룩하심을 증언하는가?

이 기도의 범위가 얼마나 넓은지를 알게 되면, 이것이 완전한 상태를 구하는 기도가 아니라 은혜 안에서의 성장을 구하는 겸손한 기도라는 사실에 감사하게 될 것이다(빌 3:13-14).

"무엇보다도 주님을 올바로 알게 해주시고, 주님의 권능과 지혜와 선하심과 정의와 긍휼과 진리를 밝히 드러내는 주님의 모든 사역 안에서 주님을 거룩하게 여기고, 영화롭게 하고, 찬양하게 하소서. 또한 우리의 모든 삶과 생각과 말과 행동을 인도하시어 주님의 이름이 우리 때문에 모독을 받지 않고, 영광과 찬양을 받게 하소서."라고 우리는 기도해야 한다.

하나님의 자녀는 그리스도와의 연합을 통해 죄의 권세와 형벌로부터 구원받았지만, 내주하는 죄의 영향력으로부터는 아직 온전히 벗어나지 못했다. 따라서 연약함 때문에 때로 죄를 짓곤 한다. 하지만 우리가 죄를 지게 되면 하나님의 이름이 불신자들 사이에서 모독을 받는다는 것을 기억해야 한다.

하나님의 마음에 합한 자였던 다윗의 경우도 예외는 아니었다. 다윗이 밧세바와 간통했을 때, 나단 선지자는 "이 일로 말미암아 여호와의 원수가 크게 비방할 거리를 얻게 하였으니"(삼하 12:14)라고 말했다. 불신 세계는 자신들의 불신앙을 정당화할 빌미를 늘 찾고 있다. 복음의 원수들은 우리가 "실족하기를 기다린다"(렘 20:10). 따라서 우리는 우리의 믿음과 행위에 잘못된 것이 없도록 단단히 주의를 기울여야 한다.

한때 믿음을 드러내는 증표로 'WWJD(What Would Jesus Do?, "예수님이라면 어떻게 하실까?"라는 뜻)'가 새겨진 팔찌를 차고 다니는 것이 기독교인들 사이에서 유행했다. 나는 그런 행위가 못마땅하게 느껴진다. 그런 팔찌를 차고 다니며, 기독교인을 자처하면서도 하나님의 말씀을 스스로 어기는 경우가 얼마나 많은가?

우리가 기독교인이라면, 매사에 신중히 행동해야 한다. 세상 사람들에게 우리의 불경한 행위를 비방할 기회를 주어 궁극적으로 하나님을 욕 되게 하는 일이 있어서는 안 된다. 설혹 죄를 짓더라도 계속 죄를 짓지 말고 하나님의 긍휼을 의지해야 한다.

시편 저자는 비난을 당하지 않게 도와달라고 기도하면서 "나를 붙드소서 그리하시면 내가 구원을 얻고 주의 율례들에 항상 주의하리이다"(시 119:117)라고 호소했다. 다윗도 "주의 종에게 고의로 죄를 짓지 말게 하사 그 죄가 나를 주장하지 못하게 하소서"(시 19:13)라고 기도했다. 하나님을 경외하며 죄를 미워하는 자는 이렇게 기도해야 한다.

하나님의 이름을 거룩히 여기려면, 그분의 뜻에 복종해야 하는데, 하나님의 거룩하심을 인정하고, 숭배하고, 영화롭게 하는 것이 그분의 뜻이다. 또한, 심판의 날에 거룩하심과 의로우심을 온전히 드러내시는 것이 하나님의 궁극적인 뜻이다. 그날에는 악인들조차도 하나님께 영광을 돌리며 자신들에 대한 심판을 옳다고 인정할 것이다.

"이름이 거룩히 여김을 받으시오며"라는 탄원은 자신의 영광을 밝히 드러내기를 원하시는 하나님의 뜻을 높이 받드는 것을 의미한다. 우리는 하나님의 이름과 영광과 온전하심에 우리 자신을 복종시켜야 한다. "이름이 거룩히 여김을 받으시오며"는 이런 뜻을 담고 있다.

"주님, 시련을 당할 때는 인내하고, 형통할 때는 감사할 수 있는 은혜를 허락하소서. 주님을 신실하신 아버지로 신뢰할 수 있는 믿음을 주시고, 저희와 모든 피조물이 다 주님의 손 안에 있기 때문에 주님의 사랑에서 우리를 끊을 수 있는 것은 아무것도 없다는 확신을 허락하소서. 주님의 뜻이 아니면 한 치도 움직일 수 없다는 것을 알게 하소서. 무슨 일을 당하든, 저희에게 어떤 일이 일어나든, 저희의 앞길에 무슨 일이 있든, 심지어는 시련과 죽음의 깊은 골짜기를 걸어가는 순간에도 주님의 이름이 저희 안에서 거룩히 여김을 받고, 영화롭게 되기를 원하나이다. 오, 하늘에 계신 아버지여, 저희의 모든 슬픔 속에서도 주님의 이름이 거룩히 여김을 받으시기를 원하나이다."

이렇듯 "이름이 거룩히 여김을 받으시오며"라는 탄원은 우리의 뜻이나 즐거움을 추구하기보다는 하나님의 이름을 영화롭게 하려고 애쓰며, 평생 우리의 뜻을 하나님의 뜻에 맞추라고 요구한다.

우리의 뜻을 하나님의 뜻에 맞추려면, "주님, 무슨 일을 행하시든, 제가 오늘이나 앞으로 어떤 일을 만나든, 제 안에서 주님의 이름을 거룩하게 하옵소서."라는 말로 기도를 시작해야 한다.

우리의 본성상 하나님의 뜻에 우리의 뜻을 맞추는 것은 불가능하지만, 하나님은 중보자이신 예수님을 통해 우리 안에서 얼마든지 그런 일을 행하실 수 있다. 그리스도께서는 말씀과 성령으로 우리 안에서 역사하신다.

"내 아버지여 만일 할 만하시거든 이 잔을 내게서 지나가게 하옵소서 그러나 나의 원대로 마시옵고 아버지의 원대로 하옵소서"(마 26:39)라고 예수님도 기도하셨다. 그는 인간이 고난의 잔을 마시는 것이 얼마나 어려운지 잘 알고 계신다. 그분의 기도는 이런 뜻을 담고 있다.

"아버지의 이름을 거룩하게 하고, 아버지의 뜻을 행하기 위해 제가 이 잔을 마셔야 한다면, 제가 온갖 조롱과 채찍질을 당할지라도, 저들이 제 사지를 잡아 당겨 십자가에 묶어 놓고 제 손과 발에 대못을 박을지라도, 제가 십자가에 매달려 죽을지라도, 아버지께 버림을 받아 흑암 속에서 극심한 고뇌와 고통을 견뎌야 할지라도, 하늘에 계신 아버지여, 아버지의 뜻대로 하옵소서. 아버지의 이름이 거룩히 여김을 받으시고, 아버지의 이름이 영화롭게 되기를 원하나이다."

예수님은 하나님의 이름을 거룩하게 하시기 위해 그분의 뜻에 복종하시고, 생명까지 아낌없이 내놓으신 것이다. 그는 비천한 죄인인 우리에게도 자신과 똑같은 믿음의 태도를 소유하도록 도우신다.

우리가 탄원의 기도를 드리는 순간, 예수님께서 이 세상에서 드리셨던 기도와 그분이 지금 하늘에서 드리고 있는 중보기도와 우리 안에서 일하시는 성령님의 중보기도가 우리의 기도와 하나로 연합되는 놀라운 역사가 일어난다.

하나님은 우리의 탄원에 우리가 구하고 생각하는 것보다 더 넘치도록, 확실하게 응답하실 것이다. 하나님은 그럴 수 있는 능력을 지니고 계신다.

chapter 5

기도는 능력이다
: 예수님의 이름으로 드리는 기도

스티븐 로슨

예수님의 이름으로 드리는 기도는 알라딘의 램프를 여는 마법의 주문과는 아무 관계가 없다. 사실, 예수님은 "기도할 때에 이방인과 같이 중언부언하지 말라"고 경고하셨다. 아무 생각 없이 "예수님의 이름으로"라는 주문만 반복하면 기도 응답을 받을 수 있다고 생각하는 것은 잘못이다. 이러한 태도는 기도를 한갓 종교적 미신이자 공허한 주술로 전락시킨다.

　종교개혁이 한창일 무렵, 독일의 위대한 종교개혁자 루터는 "기도는 피조물이 사용할 수 있는 무기 가운데 가장 강력한 무기다."라고 외쳤다. 교회사에 우뚝 선 이 위대한 인물이 어디에서 그런 강력한 힘을 얻었는지 이 말을 통해 짐작할 수 있다.

　루터는 16세기 종교개혁이라는 막중한 사역을 감당해야 하는 상황에서도 "오늘은 할 일이 아주 많아. 그러니 오늘 아침에는 세 시간 더 기도해야겠군."이라고 말하곤 했다. 기도는 이 뛰어난 인물의 삶에서 그처럼 중요한 역할을 했다.

　기도는 유한한 인간의 손에 위탁된 하나님의 무한한 능력이다. 기도는 전능하신 하나님의 능력을 행사할 수 있는 가장 유익한 수단이다. 사탄이든 지옥이든, 그 무엇도 기도에 대항할 수 없다. 그러나 안타깝게도 기독교인의 영적 생활에서 기도가 소홀히 취급될 때가 많다. 그래서 우리의 삶과 사역에 많은 어려움이 발생하는 것이다.

하나님 나라의 확장을 위한 사역과 예수님의 이름으로 드리는 기도는 서로 중요한 관계를 갖는다. 예수님의 이름으로 드리는 기도는 우리의 사역을 성공으로 이끄는 강력한 힘을 발휘하기 때문이다. 하나님은 우리를 통해 위대한 일을 행하기를 원하시며, "모든 이름에 뛰어난 이름"인 예수 그리스도의 이름으로 드리는 기도를 통해 그 일을 성취시키신다.

예수님은 요한복음 14장 12-14절에서 제자들에게 놀라운 약속을 허락하셨다. 이른바 '다락방 강화'에서 제자들을 떠나 성부께로 돌아가실 때가 임박했다고 말씀하시면서, 사역을 감당할 만한 힘을 그들에게 공급하시겠다고 약속하셨다. 그분은 "내 이름으로 무엇이든지 내게 구하면 내가 행하리라"고 말씀하셨고, 제자들에게는 이 놀라운 기도의 능력과 특권이 주어졌다.

백지 수표(?)

불행히도 주님의 이 약속을, "무엇이든 구하기만 하면 하나님이 반드시 허락해 주신다"는 의미로 오해하는 사람들이 많다. 그들은 하나님이 미리 서명한 백지 수표를 제공하셨다고 믿고, 그곳에 원하는 액수를 적어 넣기만 하면 되는 줄로 착각한다. 그것은 오해다.

그들은 하나님을 "예수님의 이름으로"라는 주문을 외우며 램프를 비비기만 하면 그곳에서 튀어나와 그들의 종이 되어 모든 소원을 이루어 주는 요정처럼 생각하곤 한다.

그러나 예수님의 이름으로 드리는 기도는 알라딘의 램프를 여는 마법의 주문과는 아무 관계가 없다. 사실, 예수님은 "기도할 때에 이방인과 같이 중언부언하지 말라"(마 6:7)고 경고하셨다. 아무 생각 없이 "예수님의 이름으로"라는 주문만 반복하면 기도 응답을 받을 수 있다고 생각하는 것은 잘못이다. 이러한 태도는 기도를 한갓 종교적 미신이자 공허한 주술로 전락시킨다.

예수님은 마태복음 6장 9-15절에서 제자들에게 무슨 기도를 드리든지 "예수님의 이름으로"라는 문구를 덧붙이라고 가르치지 않으셨다. "예수님의 이름으로"를 하늘의 보물창고를 여는 비밀의 열쇠로 생각하고, 모든 기도의 끝에 덧붙이는 것은 옳지 않다. 물론, 이 문구로 기도를 마무리하는 것은 그 자체로는 아무 잘못이 없다. 예수님의 이름으로 기도를 드리는 것은 성경적이다. 그러나 예수님이 자기 이름으로 기도를 드리라고 가르치신 이유는 기술적인 방법론을 제시하시기 위해서가 아니라 그 방향과 목적을 일깨워 주시기 위해서였다는 점을 잊어서는 안 된다.

또한, 예수님의 이름으로 드리는 기도를 '부와 건강'을 구하는 의미로 받아들이는 사람들은, 예수님 자신의 기도가 그런 결과를 가져오지 못했다는 사실을 기억해야 한다. 오히려, 그리스도께서는 젊은 나이에

벌거벗은 몸으로 십자가에 매달려 끔찍한 죽음을 당하셨다. 예수님은 부유한 삶을 살지 못하셨다. 그분은 머리를 둘 곳조차 없으셨고, 세금을 낼 돈조차 없으셨다. 그분의 소유는 겉옷 한 벌뿐이었다. 그러나 예수님은 항상 기도하셨다. 왜 그분은 우리가 원하는, 그런 복을 누리지 못하셨을까? 그 이유는 예수님의 이름으로 드리는 기도가 그런 복을 구하는 기도와는 거리가 멀기 때문이다.

그렇다면 "예수님의 이름으로"는 무슨 의미를 담고 있을까? 예수님의 가르침을 어떻게 이해해야 하며, 예수님은 무슨 의도로 그렇게 가르치셨을까?

가망성도 없고, 보잘 것도 없었던 집단

예수 그리스도께서 십자가에서 돌아가셔야 할 때가 임박한 시점, 제자들은 격려의 말이 절실히 필요한 상태였다. 그들은 예수님이 방금 하신 말씀의 의미를 조금씩 이해하기 시작하면서, 자기들은 예수님과 함께 떠나지 못하고 뒤에 남게 되리라는 사실을 감지했다. 예수님은 제자들 곁을 떠나 있는 동안, 그들에게 자신의 사역을 모두 맡기실 계획이었다. 그들은 이제 곧 모든 족속을 제자로 삼기 위해 하나님 나라의 복음을 온 세상에 전해야 하는 사명을 짊어지게 될 예정이었다. 이보다 더 크고 어려운 일을 맡았던 사람은 아무도 없었다.

그러나 당시 그들의 모습과 그들이 앞으로 감당해야 할 일을 한번 생각해 보라. 그들은 소위 보잘 것 없는 사람들로, 정예부대가 결코 아니었다. 글도 잘 모르고, 교육도 받지 못했고, 교양도 없는 오합지졸에 지나지 않았으며, 아무것도 없는 빈털터리였다. 요즘으로 치면, 재산도, 권력도, 계획도, 선전 수단도, 경제적 후원도, 매스컴의 도움도 없는 처지였다. 당시 기존 종교의 관점에서 보면, 멀리 변두리에서 서성이는 사람들에 불과했다. 그들은 평범한 어부들과 사람들의 증오를 받았던 이름 없는 하층민들이었다.

제자들이 가진 것이라곤 공개 처형을 당한 예수님의 메시지뿐이었는데, 그 메시지마저도 사람들의 비웃음을 샀다. 그들이 머물던 장소는 더욱 열악했다. 그들은 예수님이 바로 며칠 전에 십자가에 못 박혀 죽으셨던 도시에서 사역을 시작했다. 그곳은 최초의 교회를 설립하기에는 결코 이상적인 장소가 아니었다. 그들은 로마의 폭압과 헬라의 이교주의와 유대인의 율법주의는 물론, 동방의 신비주의와 거짓된 영지주의의 공격을 받는 등 온갖 반대에 직면했다. 또한, 온갖 중상과 비방과 조롱을 당했으며, 군중의 폭동과 관원들의 제재에 시달리며 때로는 감옥에 갇히기도 하고, 때로는 순교를 당하기도 했다.

이러한 희박한 가능성에도 불구하고, 1세기가 끝날 무렵 교회는 남쪽 멀리에 있는 아프리카 북부 에디오피아까지 퍼져나갔다. 또한, 북쪽으로는 소아시아까지 세력을 확장해 그곳에서 크게 번영했으며, 서쪽으로는 유럽 대륙을 지나 로마제국의 수도였던 로마에까지 영향을 미쳐, 가이사의 가문 안에까지 교두보를 확보했다.

　이런 현상을 어떻게 설명할 수 있을까? 어떻게 아무 가망성이 없던 집단이 세 개의 대륙에 걸쳐 널리 세력을 확장할 수 있었을까? 예수님이 없으신 상황에서 어떻게 그런 막중한 사역을 감당할 수 있었을까? 어떻게 로마제국의 강력한 힘을 이길 수 있었으며, 어떻게 믿음을 저버린 강퍅한 이스라엘 사람들 틈에서 살아남을 수 있었을까? 그들이 성공을 거두게 된 비결은 무엇이었을까?

　예수님이 요한복음 14장 12-14절을 통해 제자들에게 하신 말씀에서 대답을 찾을 수 있다. 그들은 기도의 능력으로 성공을 거둔 것이다. 예수님은 제자들에게 자기 이름으로 성부 하나님께 도우심을 구하라고 가르치셨다. 그러면 예수님 자신이 주권적인 권위로 그들에게 필요한 모든 것을 제공하시겠다고 약속하셨다.

　그는 친히 자신의 교회를 세우시고, 원수들의 회개를 이끌이내시며, 제자들이 처한 상황을 반전시켜 어둠의 세력을 물리치실 생각이셨다. 그 모든 일을 예수님의 이름으로 드리는 기도를 통해 성취하실 생각이었다.

　본문에는 예수님이 제자들에게 하신 놀라운 약속이 담겨 있다. 이는 예수님을 믿는 사람이면 누구나 향유할 수 있는 특권이다. 예수님은 이 약속을 통해 하늘과 땅에 있는 모든 자원을 우리에게 공급하시겠다고 확언하셨다.

제자들이 지닌 엄청난 가능성

예수님은 기도를 당부하시기에 앞서 먼저 엄청난 약속을 하나 제시하신다. 그는 제자들의 눈을 쳐다보시면서 "내가 진실로 진실로 너희에게 이르노니 나를 믿는 자는 내가 하는 일을 그도 할 것이요 또한 그보다 큰 일도 하리니 이는 내가 아버지께로 감이라"(12절)고 말씀하셨다. 예수님이 하신 말씀은 모두 중요하지만, "진실로 진실로"라는 표현은 지금 하시는 말씀이 매우 중요함을 뜻한다.

• 예수님보다 더 큰 일

예수님은 미래에 대해 말씀하시면서 "나를 믿는 자는 내가 하는 일을 그도 할 것이요 또한 그보다 큰 일도 하리니"(12절)라고 하셨다. 이 말씀은 최초의 제자들이 그리스도께서 시작하신 일을 이어받게 될 것을 의미한다. 제자들은 예수님이 선포하신 메시지와 똑같은 메시지를 전해야 했다. 그들은 예수님과 똑같은 진리를 전해 하나님 나라에 들어가는 길을 보여 주어야 했다. 그들은 죄인들에게 회개를 촉구하고, 하나님 나라 밖에 있는 사람들이 예수 그리스도를 믿는 구원 신앙을 통해 그곳에 들어갈 수 있도록 인도해야 했다.

참으로 놀라운 점은 예수님이 그들의 사역이 자신의 사역을 뛰어넘을 것이라고 말씀하신 점이다. 그분은 "그보다 큰 일도 하리니 이는 내가 아버지께로 감이라"고 말씀하셨다. 그런데 어떻게 제자들이 예수님보다 더 큰일을 할 수 있단 말인가? 제자들이 온전한 신성을 지니고 계신 하나님의 아들보다 무엇을 더 잘할 수 있을 것인가? 예수님은 모든 것을 흠 없이 완전하게 행하셨다. 율법에 대한 그분의 가르침은 완벽했고, 마음의 동기도 무한히 순수했으며, 그분이 베푸신 긍휼과 사랑도 더할 나위 없이 순결했다.

따라서 예수님이 말씀하신 "큰 일"이란 질적인 의미가 아니라 양적인 의미를 지닌다. 그리스도의 공생애는 불과 3년 정도밖에 지속되지 않았다. 그러나 제자들은 60년 이상 사역을 계속했다. 베드로는 30년 동안 사역했고, 요한은 60년 동안 사역했다. 그들은 그 기간에 그리스도보다 더 많은 곳에서 복음을 전했다. 제자들은 열한 명이었고, 그리스도께서는 혼자이셨다. 양적으로 따지면, 제자들이 혼자이신 그리스도보다 말씀을 더 많이 전할 수 있었던 것은 당연했다.

더욱이, 제자들의 사역은 예수님의 사역보다 규모와 범위가 훨씬 더 컸다. 베드로는 처음에 단 한 번의 설교로 3천 명이 복음을 받아들이는 것을 목격했다. 예수님은 이스라엘 밖에서 말씀을 전하신 적이 한 번도 없으셨지만, 제자들은 복음을 온 세상에 전파했다. 예수님은 고작 몇 명의 이방인을 상대하셨지만, 제자들, 특히 베드로와 바울은 온 세상을 두루 지나 로마에까지 이르렀다.

결과적으로, 그들은 그리스도께서 3년 동안 말씀을 가르쳐 하나님 나라로 인도했던 사람들보다 훨씬 더 많은 사람들에게 복음을 전했다.

제자들이 범위나 규모 면에서 그리스도보다 훨씬 더 큰 일을 행한 것이다.

• 하나님의 오른편에 계신 예수님

예수님의 말씀을 통해 제자들이 성공을 거둘 수 있었던 또 하나의 비결을 발견할 수 있다. 그들이 사역을 성공적으로 이끌 수 있었던 것은 그리스도께서 돌아가 지극히 높으신 하나님의 오른편에 앉으셨기 때문이다. 그래서 제자들은 그리스도보다 더 큰 일을 할 수 있었다. 그리스도가 세상에서보다 하늘에 계실 때 그 능력을 더욱 온전하게 발휘하시는 데에는 두 가지 이유가 있다. 첫째, 예수님은 하늘에서 성령을 보내시어 제자들에게 사역을 완수할 수 있는 능력을 허락하신다(요 14:16-20, 15:26, 16:8-15, 행 1:8, 2:1-4). 둘째, 예수님은 성부 하나님께 중보기도를 드리신다. 예수님이 그 다음 두 구절에서 설명하신 대로, 제자들은 예수님의 이름으로 기도를 드리고, 예수님은 그들에게 사역을 이루는 데 필요한 모든 것을 제공하신다.

제자들에게 주신 엄청난 약속

예수님은 "너희가 내 이름으로 무엇을 구하든지 내가 행하리니"라고 확언하시면서 제자들에게 기도의 능력을 설명하셨다. 예수님은 주저하지 않고 그들의 기도에 응답하시겠다고 약속하셨는데, 이는 언제라도 제자들의 고귀한 소명을 완수하는 데 필요한 도움을 제공하실 준비가 되어 있으시다는 뜻이다.

• 무엇을 구하든지

"무엇을 구하든지"라는 말은 약속의 범위를 무한정 확대한다. 이 말은 큰 문제든 작은 문제든, 영적인 필요든 물질적인 필요든, 개인적인 요구든 집단적인 요구든, 무엇을 위해서든 기도할 수 있다는 뜻이다. 즉, 하나님께 간구할 수 없는 것은 아무것도 없다. 예수님보다 더 큰 사역을 행하려면 "무엇이든" 구해야 한다. 그러면 하나님이 공급해 주신다.

아울러, "구한다"는 말은 무엇인가를 요청한다는 뜻으로 한 사람이 다른 사람에게 무엇인가를 호소하고, 부탁하는 것을 말한다. 기도의 경우, 이 말은 우리의 특별한 필요를 하나님께 아뢰고, 그분께 필요한 것을 채워 달라고 요청하는 의미를 지닌다.

예수님은 그 전에도 "구하라 그리하면 너희에게 주실 것이요 찾으라 그리하면 찾아낼 것이요 문을 두드리라 그리하면 너희에게 열릴 것이니"(마 7:7)라는 말씀으로 하나님께 기도로 구해야 함을 일깨워 주셨다. 예수님은 일부러 "구하라" "찾으라" "두드리라"는 식으로 점점 더 강한 표현을 사용하셨다. 모두 현재시제로 사용된 이 동사들은 "계속 구하고, 항상 찾고, 중단하지 말고 두드리라"는 의미를 지닌다. 다시 말해, 이는 기도로 계속해서 우리의 필요를 하나님께 아뢰고, 그분께 필요한 것을 채워 달라고 요청하는 삶을 살라는 뜻이다. 또한, 예수님은 "하나님으로서는 다 하실 수 있느니라"(마 19:26)고 말씀하셨다.

그러나 삶의 문제를 하나님께 잘 아뢰지 않는 기독교인이 많다. 그들은 삶의 문제를 혼자 고민하다가 스트레스를 받거나 심지어는 그 무게에 짓눌려 절망하곤 한다. 성경에는 "너희가 얻지 못함은 구하지 아니하기 때문이요"(약 4:2)라고 적혀 있지만, 그들은 하나님의 은혜와 도우심을 선뜻 구하려고 하지 않는다. 우리는 예수님이 하나님께 구하라고 분명 말씀하셨음을 기억해야 한다.

● 주권자의 약속

예수님은 "내가 행하리니"라고 말씀하시면서 제자들의 요구를 친히 들어주시겠다고 약속하셨다. 우리 주님은 제자들의 필요를 직접 채워 주신다. 그분은 제자들에게 필요한 모든 것을 제공하는 원천이시다. 그리스도께서는 조금도 주저하지 않고 제자들의 기도에 응답하신다. 그분은 언제라도 제자들의 필요를 채워 주실 준비가 되어 있으시고, 그 사실을 그들이 알기를 바라신다. 그분은 제자들의 삶과 사역에 계속해서 적극적으로 개입하신다. 예수님은 "내가 행하리니"라는 말씀을 그대로 실천에 옮기신다. 제자들이 간구하면, 예수님이 개입하신다.

중요한 선행 조건

예수님은 "무엇을 구하든지 내가 행하리니"라는 말씀을 제자들에게 주시면서 한 가지 매우 중요한 조건을 덧붙이셨다. 바로, "내 이름으로" 기도하라고 언급하신 것이다. 두 단어로 이루어진 이 전제 조건이 기도 응답의 문을 열어젖히는 열쇠다. 예수님의 이름으로 성부께 나아오면, 성부께서 응답하시고, 예수님께서 필요한 것을 채워 주신다. 모든 것이 예수님의 이름으로 드리는 기도에 달려 있다. 그렇다면, 예수님의 이름으로 기도한다는 것은 무슨 의미일까?

첫째, 이 말은 예수님의 이름으로 하나님께 나아가는 것을 의미한다. 예수님의 이름으로 드리는 기도는, 예수 그리스도의 인격과 사역에 근거하지 않고서는 하나님 앞에 나아갈 수 없음을 뜻한다. 예수 그리스도의 이름으로 나아가지 않고서는 하나님의 보좌 앞에 접근할 수 없다. 예수님은 "내가 곧 길이요 진리요 생명이니 나로 말미암지 않고는 아버지께로 올 자가 없느니라"(요 14:6)는 말씀을 통해 이 점을 분명히 하셨다. 예수님이 십자가에서 운명하셨을 때 성전 휘장이 찢어져 지성소에 들어가는 길이 열렸는데(마 27:51) 이 사건은 그리스도께서 죽으심으로 하나님의 백성이 그분께 직접 나아갈 수 있게 되었음을 상징한다.

예수님은 대리 속죄를 통해 하늘에 계신 거룩하신 하나님 앞에 나아갈 수 있는 유일한 길을 열어놓으셨다.

성경은 이렇게 말씀한다. "우리가 예수의 피를 힘입어 성소에 들어갈 담력을 얻었나니 그 길은 우리를 위하여 휘장 가운데로 열어 놓으신 새로운 살 길이요 휘장은 곧 그의 육체니라……참 마음과 온전한 믿음으로 하나님께 나아가자"(히 10:19-22).

우리는 오직 예수 그리스도를 통해서만 은혜의 보좌 앞에 나아갈 수 있다. 예수님의 이름으로 나아간다는 것은 우리의 영적 빈곤과 무가치함을 인정한다는 뜻이다. 따라서 우리는 오직 주 예수 그리스도의 공로에 근거해서만 성부 하나님께 나아갈 수 있다.

사람들은 이따금 "기도할 때, 성부 하나님께 기도하는 것인가요, 성자 예수님께 기도하는 것인가요? 아니면 성령님께 기도하는 것인가요?"라고 묻곤 한다. 바울은 "이는 그로 말미암아 우리 둘이 한 성령 안에서 아버지께 나아감을 얻게 하심이라"(엡 2:18)는 말씀으로 이 점을 명확하게 설명했다.

기도는 삼위일체 하나님과 모두 관련된다. 즉, 성령 안에서 성자를 통해 성부께 기도한다. 예수님은 이미 이 사실을 가르치셨다. 그분은 마태복음 6장 9절에서 "너희는 이렇게 기도하라 하늘에 계신 우리 아버지여 이름이 거룩히 여김을 받으시오며"라고 말씀하셨다. 예수님의 제자들은 기도할 때 성령의 인도 아래, 성자를 통해 성부 하나님께 나아간다. 성령께서는 우리의 마음과 생각을 움직여 마땅히 구해야 할 것을 기도할 수 있게 도와주신다.

둘째, 이 말은 하나님의 성품과 뜻에 일치하는 기도를 드리는 것을 의미한다. 고대 사회에서 이름은 그 사람의 인격 전체를 의미했다. 마찬가지로 성경에 나오는 이름도 그 사람의 인격 전체, 곧 그 사람의 본성과 성품과 속성 전체를 가리킨다. 이는 우리가 기도할 때 예수님의 성품과 속성에 일치하는 기도를 드려야 함을 뜻한다. 우리는 예수님의 거룩하심, 주권, 긍휼, 사랑, 의, 불변함, 진리를 비롯해 그분의 거룩한 속성에 일치하는 기도를 드려야 한다.

따라서 기도할 때 우리는 스스로에게 이렇게 물어야 한다. "지금 우리가 그리스도께서 인정하실 것을 구하고 있는가? 지금 우리가 드리는 기도에 예수님이 동의하실까?" 이 질문에 긍정적으로 대답할 수 있는 기도만이 예수님의 이름으로 드리는 기도라고 할 수 있다.

예수님의 이름으로 기도한다는 것은 그분의 거룩한 성품과 하나님의 주권적인 뜻에 일치하는 것을 구한다는 뜻이다. 예수님의 이름으로 드리는 기도는 우리의 뜻과 목적을 그리스도께 맞추는 것을 의미한다. 그분의 온전하신 신성에 일치하는 것, 곧 그분의 거룩한 속성과 조화를 이루는 것을 구해야 한다. 한마디로, 주님의 뜻에 맞는 것을 구해야 한다. 그리스도께서 기도하실 만한 것을 구해야 하고, 그분이 원하시는 것을 원해야 하며, 그분이 구하시는 것을 구해야 하고, 그분이 마음에 품고 계신 것을 추구해야 한다. 기도할 때는 예수님의 우선순위가 곧 우리의 우선순위가 되어야 하고, 예수님의 열정이 곧 우리의 열정이 되어야 하며, 그분의 계획이 곧 우리의 계획이 되어야 한다.

그리스도의 이름으로 성부 하나님께 간구하려면, 우리의 뜻을 버리고 하나님의 온전하신 뜻에 복종해야 한다. 우리는 "하나님의 뜻이라면, 그렇게 되기를 바랍니다."라고 기도해야 한다. 하나님의 뜻은 "선하고, 기쁘고, 온전하다"(롬 12:2 참조). 우리는 유한한 생각으로 기도하지만, 하나님은 무한한 지식으로 우리의 기도를 들으시고 응답하신다. 하나님은 우리가 알고 있는 것보다 더 많이 아시고, 우리보다 무한히 더 지혜로우시다. 하나님은 무엇이 최선인지 아시고, 우리를 위해 훨씬 나은 것을 예비하신다. 따라서 우리는 하나님의 온전하신 성품과 그 온전하신 속성과 그 온전하신 뜻에 따라 기도해야 한다. 하나님의 온전하신 의와 거룩하심에 어긋나는 것은 무엇이든 그분의 보좌 앞에 가지고 나와서는 안 된다. 성경에 계시된 하나님의 뜻에 어긋나는 것을 구해서는 안 된다. 우리는 하나님의 온전하신 성품과 뜻에 일치하는 것을 구해야 한다.

셋째, 이 말은 예수님의 이름을 널리 전하라는 뜻이다. 예수님의 이름으로 기도한다는 것은 그분의 이름을 널리 전하는 것을 궁극적인 목표로 삼고 그것을 구하라는 의미이다. 이는 곧 예수 그리스도의 이름을 믿고, 받아들이고, 소중히 여기는 일들이 일어나기를 바라는 것을 뜻한다. 예수 그리스도의 명성을 널리 전하는 것이 하나님의 주된 목적이다. 우리의 기도는 하나님 나라의 목적에 초점을 맞춰야 한다.

예수님은 이 목적을 염두에 두고 제자들에게 "나라가 임하시오며 뜻이 하늘에서 이루어진 것 같이 땅에서도 이루어지이다"(마 6:10)라고 기도하라고 가르치셨다.

하나님께 무엇을 구하든 항상 이 목적을 기억해야 한다. 예수님이 행하신 사역을 널리 전하는 것을 목표로 삼는 기도를 드려야 한다. 그리스도의 이름을 온 세상에 전하는 데 기도의 초점을 맞춰야 한다. 예수님은 그런 기도에 응답하신다.

예수님은 요한복음 15장 16절에서 "너희가 나를 택한 것이 아니요 내가 너희를 택하여 세웠나니 이는 너희로 가서 열매를 맺게 하고 또 너희 열매가 항상 있게 하여 내 이름으로 아버지께 무엇을 구하든지 다 받게 하려 함이라"고 말씀하셨다.

여기에서 말하는 열매는 예수님을 위해 수고할 때, 그분을 증언하고 복음을 전하고 하나님 나라의 확장을 위해 일할 때 얻어지는 결과를 가리킨다. 예수님의 이름으로 기도하는 것은 가서 열매를 맺고, 또 그 열매가 항상 있기를 구하는 것과 밀접하게 관련된다. 예수님의 이름으로 기도하는 것은 사역의 열매를 맺는 것, 그분을 섬기는 것, 우리의 삶을 통해 하나님 나라를 확장하는 것, 곧 하나님이 우리를 세상 어느 곳에 두셨든지 그곳에서 주어진 역할을 충실히 수행해 하나님 나라를 왕성하게 하는 데 기여하는 것을 의미한다.

기도하면 예수님은 하늘의 문을 여시고 모든 필요를 채워 주신다. 예수님은 격려의 말씀과 필요한 자원 등, 우리가 그분의 이름으로 더 큰 일을 행할 때 필요한 것이 있으면 무엇이든 허락하신다.

오순절에 정확히 그런 역사가 일어났다. "주께서 구원받는 사람을 날마다 더하게 하시니라"(행 2:47). 베드로를 통해 3천 명이 구원받은 것이다. 이 사건은 그리스도의 이름으로 기도할 때 규모와 영향력 범위 면에서나 그분보다 더 큰 일을 할 것이라는 약속이 성취된 최초의 사례였다. 베드로가 말씀을 전하기 전에 어디에 있었는지 생각해 보라.

그는 다락방에서 기도했다. 예수님은 그곳에 계시지 않으셨다. 그분은 열흘 전에 하늘로 올라가 성부 하나님 오른편에 앉으셨다. 베드로와 초기 신자들이 예수님의 이름으로 기도하자 많은 영혼이 구원받는 역사가 일어난 것이다. 또한, 정도는 각기 다르지만, 예루살렘과 유대와 사마리아와 땅 끝에서도 그와 똑같은 역사가 일어났다.

하나님의 목적

기도의 주된 동기와 목적은 한 가지여야 하는데, 그것은 바로 "하나님의 영광(Soli Deo Gloria)"을 구하는 것이다. "아들로 아버지를 영화롭게 하옵소서"라는 예수님의 말씀대로, 신자의 기도는 항상 하나님의 영광을 추구해야 한다.

기도를 하나님께 원하는 것을 구하는 수단으로 잘못 생각하는 사람들이 많다. 그러나 사실 기도는 하나님이 우리에게서 원하시는 것을 받으시는 수단이다. 다시 말해, 기도의 가장 중요한 역할은 하나님께 영광을 돌리는 데 있다. 따라서 모든 기도는 이 지극히 숭고한 목적을 열정적으로 추구해야 한다.

- 성부 하나님을 영화롭게 하는 것

먼저, 예수님은 기도의 목적이 성부 하나님을 영화롭게 하는 데 있다고 가르치셨다. 기도는 우리 자신의 유익을 구하는 것이 아니라 하나님을 높이는 역할을 해야 한다. 기도는 하나님 중심적이어야 한다. 기도는 하나님의 이름을 영화롭게 하고, 그분의 이름을 높이고, 그분의 나라가 왕성해지기를 바라는 데 초점을 맞춰야 한다.

기도는 하나님에게서 필요한 것을 얻는 수단이 아니다. 오히려, 기도는 하나님이 우리에게서 원하시는 것을 받으시는 수단이다. 하나님이 우리에게서 원하시는 것은 그분의 이름에 합당한 영광이다. 기도의 주된 목적은 우리의 행복을 이루는 것이 아니라 하나님의 이름을 영화롭게 하는 데 있다.

예수님은 기도를 가르치실 때 하나님의 영광을 드높이는 것이 기도의 가장 숭고한 목적이라고 강조하셨다. 기도는 하나님의 영광을 구하는 것으로 시작해 하나님의 영광을 구하는 것으로 끝나야 한다. 예수님은 이 숭고한 목적을 염두에 두고 기도를 시작해야 한다고 가르치셨다.

그분이 가르치신 기도는 "하늘에 계신 우리 아버지여 이름이 거룩히 여김을 받으시오며"(마 6:9)로 시작한다. 예수님은 기도를 드릴 때마다 하나님의 영광을 구하는 것으로 기도를 시작하셨다. 예수님은 "천지의 주재이신 아버지여……감사하나이다"(마 11:25)라고, "아버지여, 아버지의 이름을 영광스럽게 하옵소서"(요 12:28)라고 기도하셨다. 그분은 십자가에 못 박히시기 전날 밤에도 "아버지여 때가 이르렀사오니 아들을 영화롭게 하사 아들로 아버지를 영화롭게 하게 하옵소서"(요 17:1)라고 기도하셨다. 칼빈이 말한 대로, 모든 기도의 목적은 하나님이 거룩히 여김을 받으시는 것이다.

- 성자 안에서 있는 영광

또한 예수님은 제자들에게 기도로 하나님을 영화롭게 하라고 가르치시면서 성부께서 "성자 안에서" 영광을 거두시게 해야 한다고 말씀하셨다. 성부께서는 성자를 통해 가장 큰 영광을 받으신다. 구체적으로 말해, 성부께서는 성자의 완전한 복종을 통해 영광을 거두신다. 그리스도께서는 세상에서 사역하시는 동안 항상 성부의 영광을 구하는 데 초점을 맞추셨다.

그런 사실을 보여 주는 가장 확실한 증거는 십자가를 짊어지심으로 자신에게 주어진 사명을 완수하고자 하신 것이었다. 십자가는 성부께서 성자를 통해 가장 큰 영광을 거두셨던 수단이었다. 마찬가지로, 성부께서는 성자의 영광을 구하는 제자들의 기도에 응답하셨고, 그것을 큰 영광을 받으시는 수단으로 삼으셨다.

성자께서 영화롭게 될 때 성부께서도 영광을 받으신다. "모든 입으로 예수 그리스도를 주라 시인하여 하나님 아버지께 영광을 돌리게 하셨느니라"(빌 2:11)는 바울의 말은 이 점을 분명히 보여 준다. 그리스도께서 높임을 받으신 목적은 하나님을 영화롭게 하기 위해서다. 이 둘은 서로 떼려야 뗄 수 없는 관계를 맺는다. 제자들은 성자의 중보사역을 통해 성부께서 영광을 받으시도록 기도해야 한다.

이것이 예수님의 이름으로 기도를 드릴 때 나타나는 결과다. 예수님의 이름으로 기도한다는 것은 성자 안에서 성부께서 영광을 받으시게 하는 것을 의미한다. 이것이 기도의 가장 중요한 목적이고, 그런 기도는 가장 큰 유익을 가져다준다.

놀라운 능력

예수님은 약속의 말씀을 마무리하시면서 방금 전에 제자들에게 하신 말씀을 일부러 다시 강조하셨다. 그분은 다시 한번 "내 이름으로 무엇이든지 내게 구하면 내가 행하리니"(요 14:14)라고 말씀하셨다.

칼빈이 지적한 대로, 이것은 아무 뜻 없는 반복이 아니다. 이 구절은 예수님이 제자들에게 주셨던 확신과 약속을 재차 강조한다. 예수님은 제자들이 기도의 능력을 믿기 어려워할 것을 미리 알고 계신 듯하다.

따라서 다시 한번 더욱 힘주어 자기 이름으로 무엇이든 구하면 행하시겠다고 약속하신 것이다.

• 약속의 강조

예수님은 "내 이름으로 무엇이든지 내게 구하면"이라는 조건절로 약속을 강조하는 말씀을 시작하셨다. 아무 단서도, 대가도, 제한도 없는 약속이라 너무 터무니없다고 느끼는지 주님께 선뜻 필요한 것을 구하지 못하는 신자들이 너무 많다. 그러나 우리는 "내게 구하면"이라는 조건을 충족시켜야 한다. 모든 신자는 주님 앞에 나아와 필요를 위해 기도해야 한다.

기도는 믿음과 의지를 요구하는 영적 훈련이다. 여기에서 예수님은 성부가 아니라 자기에게 구하라고 말씀하셨다. 성산위 하나님이 하나이시고, 그분들이 서로 밀접하게 협력하신다는 사실을 다시금 확인할 수 있는 대목이다. 성자를 신뢰하는 것은 곧 성부를 신뢰하는 것이다. 그 반대의 경우도 마찬가지다.

제자들은 그리스도의 이름으로 구해야 한다. 그 외에 그들의 기도가 응답받을 수 있는 다른 길은 없다. 성부나 성자 앞에 나아가는 방법은 오직 이 방법뿐이다. 모든 기도는 그리스도의 이름으로, 곧 그분의 속죄가 완전하고 충족하다는 것을 믿는 믿음으로 드려져야 한다. 그리스도의 성품과 성부 하나님의 주권적인 뜻에 일치하는 기도를 드린다면,

신자의 기도는 항상 응답된다. 예수 그리스도의 대의와 그분의 나라가 세상에서 이루어지기를 바라는 기도는 어김없이 이루어진다. 기도는 이러한 선행 조건을 충족시켜야 한다. 예수님은 이 약속을 거듭 강조하심으로써 제자들의 마음에 지울 수 없는 인상을 심어 주셨다.

- 영광스런 응답

예수님은 다시금 "내가 행하리니"라고 힘주어 약속하셨다. 당시에 그런 긍정적인 확언을 듣는 것보다 제자들에게 더 큰 용기를 주는 것은 없었을 것이다. 마치 예수님이 의도적으로 그들의 마음에 약속의 말씀을 새겨 주고자 하셨던 것처럼 느껴진다. 제자들의 기도가 성자의 영광을 추구하는 한, 예수님은 그들의 기도가 반드시 응답될 것이라고 확언하셨다.

물론, 하나님의 때가 항상 제자들의 때와 일치하는 것은 아니다. 그들은 응답을 기다려야 할 때가 많았다. 또한, 하나님은 종종 제자들이 구하는 것과는 다른 방식으로 기도 응답을 허락하시며 때로는 그 측량할 수 없는 지혜로 응답을 보류하기도 하신다. 그러나 그런 부정조차도 사실은 긍정이나 다름없다. 왜냐하면 하나님은 자기 백성에게 무엇이 최선인지 잘 알고 계시기 때문이다. 제자들이 믿음으로 구하는 한, 하나님은 자신의 영광과 그들의 유익을 위해 확실히 응답하실 것이다.

우리는 이 약속을 거듭 되새기며 마음에 깊이 간직해야 한다. 우리는 이 약속의 엄청난 능력을 더디 믿는 경향이 있다. 하나님의 능력이 기도를 통해 나타난다는 사실을 의심할 때가 얼마나 많은가? 약속이 너무 거창해 보여 오히려 기도하지 않는 경우는 또 얼마나 많은가? 기도하지 않는다는 것은 그리스도께서 하신 약속을 믿지 않음을 의미한다. 이 기도의 약속을 믿는다면, 더 많이 기도하게 될 것이다.

- 주저하지 말고 구하라

예수님의 말씀을 곰곰이 생각해 보면, 하나님은 자기 백성이 기도하는 것을 간절히 바라신다는 사실을 확실히 알 수 있다. 이 말씀은 기도하라고 우리를 독려한다. 우리가 기도하면, 성부께서 들으시고 많은 것을 허락하셔서 자신의 뜻을 이루게 하실 것이다. 주님 앞에 나아가 기도할 때, 우리는 기도를 가로막는 한계를 극복하고, 사소한 청을 드리기보다 오직 하나님만이 하실 수 있는, 놀랍고 위대한 일을 구해야 한다. 많은 것을 받지 못하는 이유는 하나님께 너무 적은 것을 구하기 때문이다.

어느 날, 한 여성이 예배를 마치고 나서 런던의 설교자 캠벨 몰간에게 찾아와 물었다.

"제 삶의 작은 것들을 구해도 될까요? 아니면, 오직 큰 것만을 구해야 할까요?"

몰간은 날카로운 통찰력으로 대답했다.

"부인, 부인의 삶 속에 큰 것은 아무것도 없습니다. 하나님과 비교하면 모든 것이 작을 뿐입니다."

정곡을 찌른 대답이었다. 우리는 우리의 모든 필요를 기도로 하나님께 아뢰어야 한다. 사실, 하나님께 간구하기에 너무 작은 것이나 사소한 것은 아무것도 없다. 또한 하나님의 능력과 자원이 부족해 응답하시지 못할 기도도 없다.

담대하게 은혜의 보좌 앞에 나아가, 우리를 통해 더 큰 일을 행하시어 성부께서 성자 안에서 영광을 거두시게 해달라고 간절히 기도하자.

chapter 6

기도는 호소다
: 하나님의 뜻을 구하는 간절한 기도

로버트 갓프리

히스기야는 자신의 목숨이 위태로움을 알았다. 보위에 오른 지 14년밖에 안 되었고, 나이도 서른아홉에 불과했다. 그런 상황에서 죽음에 직면하자, 그는 하나님 앞에 나아가 자신의 문제를 가지고 하나님과 씨름했다. "어떻게 이런 일이 있을 수 있나이까? 이것이 생명을 주시겠다는 주님의 약속에 어찌 일치한단 말입니까? 저는 주님의 가장 신실한 왕들 가운데 한 사람이온데 제 통치기간이 이렇게 짧게 끝나게 되었나이다. 이것이 주님의 약속과 어떤 관계가 있습니까? 어떻게 이것이 주님의 영광을 나타낼 수 있습니까?" 히스기야는 생명에 관한 일반적인 약속을 뛰어넘어 자신의 상황에서 생명 연장을 간구해야 할 특별한 이유를 발견했다.

히스기야는 가장 뛰어난 왕 가운데 한 명이었다. 아마도 그는 다윗 이후 유다를 다스렸던 왕들 중 가장 의롭고 충실한 왕이었을 것이다. 그는 하나님을 위해 훌륭한 일을 많이 했는데, 그중에서도 특히 예배를 고수하고, 예배를 정화하는 일에 심혈을 기울였다. 더욱이, 히스기야는 위대한 기도의 사람이었기 때문에 히스기야의 기도에서 살아 계신 하나님께 마땅히 드려야 할 기도의 본보기를 찾을 수 있다.

히스기야는 하나님께 두 가지 기도를 드렸다. 첫 번째 기도는 산헤립의 군대를 물리침으로써 영광을 거두시기를 호소하는 기도였다. 이 기도는 이해하기 쉬울 뿐 아니라, 기도의 일반적인 의미와 기도로 하나님과 관계를 맺는 것을 이해하는 데도 많은 도움을 준다. 그러나 히스기야가 병들었을 때 드렸던 두 번째 기도는 이해하기가 그리 쉽지 않다. 열왕기하 20장 3절은 히스기야의 두 번째 기도를 간략하게 기록하고 있다.

"여호와여 구하오니 내가 진실과 전심으로 주 앞에 행하며 주께서 보시기에 선하게 행한 것을 기억하옵소서."

우리 가운데 이런 기도를 드릴 수 있는 사람이 과연 얼마나 될까? 우리는 과연 "오, 주님. 항상 진리를 사랑했습니다. 주님을 전심으로 섬겼습니다. 선한 것을 행했습니다. 그러니 제게 은혜를 베풀어 주옵소서."라고 기도할 수 있을까? 과연 이 기도를 어떻게 이해해야 하며, 이 기도는 실제로 어떤 의미를 담고 있을까?

한 주석학자는 이 기도가 경건한 기도가 아니었다고 말했다. 그는 이 기도를 "믿음이 아니라 자기중심적인 성격을 띤 기도"라고 지적했다. 하지만 이러한 평가는 과연 올바른 평가일까? 주님이 결국 히스기야의 기도에 응답하셔서 그를 고쳐 주셨으니 말이다. 따라서 그의 기도를 이 기적이거나 자기중심적이거나 그릇된 기도로 여기지 않으셨던 것이 분명하다. 히스기야의 기도가 경건한 기도라면, 우리가 배울 점은 무엇이며, 또 히스기야의 경험은 우리의 기도 생활에 어떤 도움을 줄까?

일단 병에 걸렸을 때 기도하면 병 고침을 받는다는 교훈은 본문과는 거리가 멀다. 이는 히스기야의 기도가 교훈하는 바가 아니다.

히스기야의 문제

먼저 그의 기도를 이해하려면, 그가 어떤 문제 때문에 기도를 드리게 되었는지를 생각해 봐야 한다.

히스기야의 삶에 놓인 문제는 무엇이었을까? 첫 번째 문제는 그가 병들었다는 점이었다. 병세 또한 매우 위중했다. 열왕기하 20장에서 이사야 선지자가 무화과 반죽을 히스기야의 상처에 바른 것을 보아, 그는 참으로 끔찍한 소모성 질환을 앓고 있는 중이었다. 서른 아홉의 젊은 왕이 보위에 오른 지 14년밖에 되지 않았는데 죽음을 앞두게 된 것이다.

이사야 선지자는 그에게 분명 죽게 될 것이니 신변을 정리하라고 말했다. 이사야의 방문은 우리가 병들었을 때에 흔히 기대하는 병문안과는 거리가 멀었다. 그가 전한 말은 위로나 소망의 말이 아니었다.

그러나 내용을 좀 더 자세히 살펴보면, 그에게 질병은 문제의 일부분에 불과했다. 그는 단지 질병이 두려워서 기도한 것이 아니었다. 그보다 좀 더 깊은 차원에서 자신의 질병이 하나님의 신실하신 약속과 어떤 관련을 가지고 있는지를 생각했다. 그는 성경과 그 안에 기록된 약속에 정통한 사람이었다.

그는 성경을 묵상하는 동안, 하나님이 이스라엘 백성에게 확실한 약속의 말씀을 허락하셨다는 사실을 깨달았다. 또한 하나님이 이스라엘 백성을 거룩히 구별해 모든 민족들 앞에 하나님의 구원 사역의 본보기로 세우셨다는 사실을 알고 있었다. 신명기 4장 39-40절에 기록된 약속이 대표적인 사례다.

"그런즉 너는 오늘 위로 하늘에나 아래로 땅에 오직 여호와는 하나님이시요 다른 신이 없는 줄을 알아 명심하고 오늘 내가 네게 명령하는 여호와의 규례와 명령을 지키라 너와 네 후손이 복을 받아 네 하나님 여호와께서 네게 주시는 땅에서 한없이 오래 살리라"

하나님은 이스라엘 백성에게 약속의 땅에서 한없는 삶을 약속하셨는데, 이는 하나님이 옛 언약의 백성들에게 허락하기를 원하셨던 축복의 일부였다.

그러나 히스기야는 자신의 목숨이 위태로움을 알았다. 보위에 오른 지 14년밖에 안 되었고, 나이도 서른아홉에 불과했다. 그런 상황에서 죽음에 직면하자, 그는 하나님 앞에 나아가 자신의 문제를 가지고 하나님과 씨름했다.

"어떻게 이런 일이 있을 수 있나이까? 이것이 생명을 주시겠다는 주님의 약속에 어찌 일치한단 말입니까? 저는 주님의 가장 신실한 왕들 가운데 한 사람이온데 제 통치기간이 이렇게 짧게 끝나게 되었나이다. 이것이 주님의 약속과 어떤 관계가 있습니까? 어떻게 이것이 주님의 영광을 나타낼 수 있습니까?"

히스기야는 생명에 관한 일반적인 약속을 뛰어넘어 자신의 상황에서 생명 연장을 간구해야 할 특별한 이유를 발견했다. 그는 특히 자신과 산헤립을 비교했다. 히스기야의 관점으로 산헤립을 보면, 그는 유다를 침공한 침략자였다. 그는 유다에 대한 많은 정보를 알고 있었다. 누군가 유다 백성을 상세히 연구해 산헤립에게 그들이 어떤 백성이고, 어떤 문화를 가지고 있으며, 어떤 종교를 가지고 있는지를 소상히 알려 주었을 것이 분명하다. 이같은 사실을 전해들은 산헤립은 유다를 침공하면서 "여호와가 나를 보내셨다."고 말했다.

그의 첩자들이 유다를 침공할 때, 여호와의 이름을 이용하라는 정보를 주었을 것이다. 그리고 이렇게 회유했다.

"내가 너희에게 평화를 주겠으며, 번영케 하겠다. 또한, 무화과와 포도나무의 열매를 허락하겠다. 만일 너희가 무화과와 포도나무 없이 이 땅에 머물게 된다면, 너희의 땅만큼 좋은 땅으로 너희를 데려가겠다. 너희는 그곳에서 평화와 번영을 누릴 것이다."

그는 또한 "나와 싸우려고 하지 말라. 죽음을 선택하지 말고, 생명을 선택하라. 나는 너희에게 생명을 줄 수 있다. 하나님이 너희를 구원하실 것이라는 히스기야의 약속을 믿지 말라. 세상의 신들 가운데 어떤 신도 나를 대적할 수 없기 때문이다."라고 말했다.

산헤립은 자신이 마치 하나님인 것처럼 행동했다. 그는 스스로를 생명과 평화와 번영의 약속을 이루어줄 존재이며, 하나님의 이름으로 그의 백성을 찾아왔다고 주장했다. 그는 하나님보다 자신을 높였고, 그분의 약속과 말씀을 노골적으로 대적했다. 그는 교만한 신성모독자였다. 이러한 태도를 보고 히스기야는 첫 번째 기도를 드렸다.

"오, 주님. 민족들 앞에서 주님의 영광을 드러내소서. 오, 주님. 주님이 살아 계신 참 하나님, 곧 유일하고 참된 살아 계신 하나님이시라는 사실을 보여 주시고, 민족들 앞에서 이 교만한 신성모독자를 처벌하시어 그의 교만이 꺾이고, 주님이 영광을 거두시는 모습을 만민에게 보여주소서."

하나님은 놀라운 기적으로 신성모독죄를 범한 산헤립의 군대를 단번에 궤멸시키셨다. 그의 수 많은 군사가 하룻밤 사이에 떼죽음을 당했다. 산헤립은 본국으로 철수했지만, 그곳도 안전하지 못했다. 그의 아들들이 반역을 일으켜 신전에서 그를 칼로 쳐 죽인 것이다.

하지만 히스기야는 산헤립의 몰락을 되새기며 이렇게 생각했다.

"주님, 믿음 없는 산헤립이 칼에 맞아 죽어 주님의 영광이 민족들 가운데 밝히 드러난 것은 백번 지당한 일이지만, 선하고 충실한 제가 젊은 나이에 죽는 것은 과연 옳다고 할 수 있을지 모르겠습니다."

히스기야에게 그 문제는 매우 심각한 것이었다. 하나님의 기름부음을 받아 왕위에 오른 선하고 충실한 왕이 사악한 산헤립과 똑같은 운명에 처해야 한다는 것은 옳지 않았으니 말이다. 이러한 상황이 어떻게 하나님의 영광을 드러낼 수 있단 말인가?

히스기야의 문제는 거기에서 끝나지 않았다. 한 가지 문제가 더 있었다. 당시 히스기야는 후계자로 세울 아들이 없었던 듯하다. 성경에 따르면, 히스기야는 병 고침을 받고 약 15년을 더 살았다. 그리고 그가 죽고 그의 아들 므낫세가 열두 살에 보위를 이어받았다. 따라서 목숨이 위태롭던 시기에 그에게는 다윗의 왕통을 이을 아들이 없었던 것이 분명하다. 따라서 히스기야가 병에 걸려 죽는다면 메시아의 계보가 끊기는 사태가 빚어질 수밖에 없었다. 따라서 그는 주님 앞에 나아가 기도하지 않을 수 없었다.

히스기야의 호소

히스기야의 두 번째 기도에서 가장 먼저 주목해야 할 점은 그가 기도했다는 사실 자체가 그의 충실함을 보여 주는 명백한 증거였다는 점이다. 그의 상황이 얼마나 절박했는지 생각해 보라.

그는 병들어 죽을 지경에 이르렀고 이사야 선지자도 그가 죽을 것이라고 말했다. 장래가 절대적으로 캄캄한 상황, 그 상황에서 히스기야는 어떻게 행동했는가? 아마 대다수의 사람들은 이러한 상황에서 기도하기는커녕 분노하거나 절망할 것이 분명하다.

'좋아, 이제 나는 죽을 거야. 다 무슨 소용이 있겠어? 그럭저럭 지내다가 죽으면 그만이지.'

그러나 히스기야의 태도는 달랐다. 그의 기도에서 알 수 있듯, 그는 믿음의 사람이요 하나님의 사람이었다.

그는 질병을 앓는 와중에서도, 끔찍한 상황에서 심각한 고뇌를 느끼면서도 하나님께 기도를 드렸다. 고통 가운데서도 하나님께 등을 돌리지 않고 오히려 그분 앞에 나아가는 것, 이것이 바로 믿음의 본질이다. 믿음의 사람은 문제에 직면했을 때, 하나님께 나아가 도움을 구한다. 믿음의 사람은 결코 하나님의 선하심을 의심하지 않으며, 절망하지 않는다.

그는 성경의 진리를 굳게 믿었기에 기도할 수 있었다. 아마도 그는 다윗이 지은 시편 34편을 기억했을 것이다.

"내가 여호와께 간구하매 내게 응답하시고 내 모든 두려움에서 나를 건지셨도다"(4절).

"이 곤고한 자가 부르짖으매 여호와께서 들으시고 그의 모든 환난에서 구원하셨도다"(6절).

"생명을 사모하고 연수를 사랑하여 복 받기를 원하는 사람이 누구뇨 네 혀를 악에서 금하며 네 입술을 거짓말에서 금할지어다 악을 버리고 선을 행하며 화평을 찾아 따를지어다 여호와의 눈은 의인을 향하시고 그의 귀는 그들의 부르짖음에 기울이시는도다 여호와의 얼굴은 악을 행하는 자를 향하사 그들의 자취를 땅에서 끊으려 하시는도다 의인이 부르짖으매 여호와께서 들으시고 그들의 모든 환난에서 건지셨도다 여호와는 마음이 상한 자를 가까이 하시고 충심으로 통회하는 자를 구원하시는도다 의인은 고난이 많으나 여호와께서 그의 모든 고난에서 건지시는도다"(12-19절).

하나님은 의인의 기도를 들으셔서 의인을 구원하시겠다고 약속하셨다. 따라서 히스기야는 하나님께 이렇게 아뢰었다.

"주님, 저는 지금까지 충실하게 살았습니다. 저는 주님의 약속을 지켰습니다. 늘 주님의 길을 걸어가려고 노력했습니다."

그렇다면 히스기야는 자신이 완벽했다고 주장했던 것일까?

성경을 보면, 그가 그렇게 주장하지 않았음을 분명히 알 수 있다. 이사야서 38장 17절에도 히스기야의 기도가 기록되어 있다. 그는 그곳에서 "주께서 내 영혼을 사랑하사 멸망의 구덩이에서 건지셨고 내 모든 죄를 주의 등 뒤에 던지셨나이다"라고 기도했다.

그는 자신이 죄인이라는 것과, 자신에게는 선한 것이 없음을 알았다. 또한 동시에 자신이 하나님의 은혜로 구원받았다는 사실을 알고 있었다.

따라서 "주님의 진리를 사랑했습니다. 주님의 언약 안에서 행했습니다. 저를 주님께 바치려고 노력했습니다."라는 그의 기도는 "저는 산헤립처럼 언약을 파괴하는 자가 아닙니다. 저는 주님을 모독하지 않았습니다. 저는 일평생 주님만을 섬기려고 노력했습니다. 그러니 제게 은혜를 베푸소서. 제게 주님의 은혜와 사랑을 나타내소서. 주님의 선하심을 드러내사 제 생명을 연장시켜 주소서."라는 의미를 지닌다.

우리도 히스기야처럼 이렇게 기도해야 한다.

"저는 언약을 지키는 자입니다. 저는 완전하진 않지만, 주님의 은혜로 마음이 새로워진 덕분에 주님을 위해 살고, 주님을 섬기려고 노력하고 있습니다. 저는 주님의 자녀입니다. 저는 주님의 언약에 속해 있습니다. 오, 주님. 제게 긍휼을 베푸시고, 주님의 선하심을 드러내소서."

히스기야는 언약을 지키는 자로서 병 고침을 구했다. 그는 이기적이거나 자기중심적으로 기도하지 않았다. "오, 주님. 늘 선하시오니 저의 청을 반드시 들어주셔야 합니다."라는 식으로 기도하지 않았다.

히스기야는 매우 사려깊은 기도를 드렸다.

"주님은 생명을 주시는 분이십니다. 주님은 자기 백성에게 항상 건강과 생명과 힘을 허락하셨습니다. 주님은 죽은 사람도 능히 살리시어 그로 하여금 성전에 올라가 주님께 영광을 돌리게 하십니다. 오, 주님. 주님은 자기 백성에게 생명을 주시는 분이십니다. 주님은 죽은 자를 살리시는 분이십니다. 사악한 산헤립을 처단하시어 민족들 앞에서 그 의로우심을 밝히 드러내셨으니, 언약 안에 있는 저를 살리시어 영광을 거두시옵소서."

히스기야의 두 번째 기도 역시 첫 번째 기도처럼 하나님의 영광을 구하는 데 초점을 맞추고 있다. 그는 하나님의 뜻이 이루어지고, 그분의 나라가 임하기를 바라며 그분의 영광을 위해 기도했다.

우리도 그런 기도를 드려야 한다. 우리의 기도는 종종 쇼핑 목록을 나열하는 듯한 기도로 전락할 때가 많다.

"오, 주님. 제게 이것도 주시고, 저것도 주소서. 저는 이런 것들을 좋아합니다."

마치 성탄절 선물을 요구하는 어린아이와 같이 기도한다. 하지만 히스기야의 기도는 우리에게 그것을 구하는 이유를 하나님께 소상히 아뢰어야 한다는 점을 일깨워 준다.

기도를 드릴 때마다 우리의 특별한 요구가 하나님 나라의 영광을 드높이는 데 어떻게 이바지할 수 있는가를 하나님께 설명할 수 있다면, 우리의 기도에 과연 어떤 변화가 생길까?

어떤 사람이 기도 모임에서 숙모의 부러진 다리를 위해 기도를 부탁했다고 가정해 보자. 기도 모임의 인도자가 "숙모의 부러진 다리를 위해 왜 기도해야 하나요?"라고 묻는다면 어떨까? 아마도 그런 질문을 받으면 의아해할 것이 틀림없다. 그러나 그런 질문을 통해 우리의 기도가 어떻게 하나님을 영화롭게 할 수 있는지를 생각해 볼 수 있다.

우리의 기도가 하나님을 영화롭게 하는 일에 초점을 맞춘다면, 기도의 우선순위가 달라질 것이 분명하다. 하나님의 나라를 소망하는 기도를 더 많이 드리게 될 것이다. 주님은 하나님 나라와 그분의 의를 먼저 구하라고 말씀하셨다.

기도하는 이유를 생각하고 기도하면, 하나님의 영광을 구할 수 있고, 결국에는 그분의 뜻이 이루어지기를 바라는 기도를 드리게 될 것이다. "주님의 뜻이 이루어지기를 바라나이다."라는 기도가 항상 우리 기도의 궁극적인 목표가 되어야 한다. 물론, 아무 감정이나 열정 없이, 냉랭한 태도로 "주님의 뜻이 이루어지기를 바라나이다."라고 말해서는 안 된다. 기도로 하나님과 씨름하는 과정이 필요하다.

히스기야도 그렇게 호소했고, 다윗도 시편에서 종종 그렇게 기도했다. "하나님 아버지, 아버지를 사랑하고, 신뢰합니다. 주님은 저보다 주님을 영화롭게 하는 방법을 더 잘 알고 계십니다. 그러니 주님의 뜻이 이루어지기를 바랍니다."라고 기도할 수 있다. 히스기야의 기도도 이와 똑같은 맥락에서 이루어졌다.

"오, 주님. 저의 병이 나으면 참으로 좋겠습니다. 그러나 제가 건강을 되찾든 되찾지 못하든, 주님을 영화롭게 하옵소서. 주님의 뜻이 이루어지기를 바라나이다."

결국 하나님은 히스기야를 축복하시어 그의 질병을 고쳐 주시고, 그를 다시 일으켜 주셨다. 그는 다시 성전 예배에 참석할 수 있었고, 그 후로 15년을 더 살았다. 더욱이, 하나님은 그에게 아들을 허락하셨고, 예루살렘을 앗수르의 손에서 건져내셨다. 하나님은 히스기야의 기도에 응답하심으로 큰 영광을 거두셨다.

하나님의 영광을 구하는 기도를 드리는 것은 우리를 향한 그분의 뜻이다. 우리의 마음을 활짝 열고, 마음의 깊은 소원, 기쁨은 물론 슬픔까지도 솔직하게 하나님께 아뢰며 그분과 깊은 대화를 주고받는다면, 기도를 통해 우리 자신이 변화되는 놀라운 결과가 나타날 것이다.

히스기야처럼 호소의 기도를 드리려면 하나님의 말씀에 근거한 깊고 풍부한 경건이 우리의 마음속에 깊이 뿌리를 내려야 한다. 따라서 시편을 즐겨 읽는 것은 큰 유익을 준다. 하나님과 깊은 대화를 나누고, 그분의 영광을 구하며, 그분의 뜻을 받드는 기도를 드릴 수 있는 은혜가 모두에게 넘쳐나기를 간절히 기도한다.

chapter 7

기도는 선포다
: 하나님의 주권을 인정하는 기도

리처드 필립스

하나님이 주권자이시라면, 왜 기도해야 하는가? 그 이유는 주권적인 은혜를 베푸신 하나님께 감사하기 위해서이며, 우리가 성령의 사역에 전적으로 의존해 있기 때문이다. 따라서 기도는 하나님의 주권을 온 몸으로 인정하는 행위다.

 몇 년 전, 미니애폴리스에서 주와 주를 잇는 교량 한 곳이 붕괴되어 열 명이 넘는 사람이 목숨을 잃었다. 미니애폴리스에 있는 복음주의 교회 두 곳에서 그 불행한 사건에 대해 각자 입장을 표명했는데 서로 크게 달랐다.
 사건이 일어난 그날 밤, 붕괴된 교량에서 채 1마일도 떨어지지 않은 곳에 위치한 교회의 담임목사였던 존 파이퍼는, 교량 붕괴는 하나님의 주권적인 뜻에 의해 일어난 사건으로 죄인들의 회개를 촉구하기 위한 목적을 지닌다는 내용의 글을 블로그에 게재했다.[1]
 반면 그렉 보이드 목사는 그런 불행한 사건은 하나님의 주권과는 아무런 관계가 없다면서 존 파이퍼의 글을 논박했다. 그는 존 파이퍼의 말대로 만일 그런 사건들이 하나님의 뜻에 따라 일어났다면, 하나님은 거룩하지도, 선하지도, 자애롭지도 않으신 분이라고 주장하면서, 그

불행한 사건들은 하나님의 주권과 전혀 무관하다고 반박했다. 그는 하나님이 만사를 주관하지 않으신다고 주장했다. 그는 "이 괴롭고 부패한 세상에서는 다리들이 때로 붕괴될 수 있다고 생각하는 편이 훨씬 더 성경적이고 합리적이다."라는 주장을 폈다.[2]

보이드는 소위 '개방적 유신론'으로 알려진 신학 운동을 대변하는데, '개방적 유신론'은 하나님이 미래의 모든 일을 다 알고 계시지도 않으며, 현재의 일도 모두 주관하지 않으신다고 믿는다.

개방적 유신론의 대변자 가운데 또 한 사람인 로저 올슨은 교량 붕괴 사건을 계기로 자신들의 견해를 간단히 요약했다.

그는 "하나님은 한계가 있으시다……하나님은 스스로를 제한하시기 때문에 세상에서 일어나는 일들 가운데는 인간의 부패함과 유한성 때문에 일어나는 일들이 많다."라고 말했다. 그러면서 그는 "언젠가는 상황이 달라질 수 있고, 모든 것이 완벽해질 때가 올 것을 하나님이 바라고 계신다고 생각하는 편이 낫지 않겠는가?"라고 물으며, "그런 생각이 만사를 결정짓는 칼빈주의의 하나님보다 성경의 하나님에 더욱 근접한 것처럼 보인다."라고 덧붙였다.[3]

개방적 유신론자들은 사람들이 하나님이 무관심하시다고 생각하거나 그분이 우리에게 불행한 일을 허락하신다고 생각해, 절망하며 기도를 중단하는 일이 없기를 바란다. 그들은 불행을 허락하시는 하나님을 향해 분노하는 이들에게 목회적 차원의 도움을 베푼다.

또한 올슨은 "세상에서는 우리의 무지와 죄 때문에 때로 불행한 일이 발생하고, 사악한 행위가 자행된다. 하나님이 은밀히 그런 일들을 계획하시기 때문이 아니라 그분이 타락한 죄인들에게 '좋다. 지금은 나의 뜻대로 되지 않고, 너희의 뜻대로 될 것이다' 라고 말씀하시기 때문이다."라고 말했다.

이런 견해에 따르면, 우리가 기도해야 하는 이유는 하나님께 정보를 알려 드려 상황을 좀 더 낫게 만들기 위해서다. 올슨은 하나님이 "때로 나는 사람들이 기도할 때 무고히 고난을 당하지 않도록 도와줄 수 있다. 그것이 내가 정한 한계 가운데 하나다. 나는 모든 것을 내 뜻대로 하기를 원하지 않는다. 나는 이 세상을 좀 더 낫게 만들기 위해 너희의 개입과 협력을 원한다"라는 식으로 말씀하신다고 주장한다.[4]

미니애폴리스 교량 붕괴 사건에 대해 사람들의 반응이 이런 식으로 엇갈리는 것을 보면, 우리가 지녀야 할 기도에 대한 우리의 사고방식과 하나님의 주권을 관련지어 생각하는 것은 매우 중요하다는 사실을 새삼 느낄 수 있다.

이 글은 하나님의 주권과 예정을 신학적인 차원에서 다루는 데 있지 않다. 나는 이 글을 참새 한 마리도 하나님의 뜻이 아니면 땅에 떨어지지 않는다는 예수님의 가르침으로부터 시작하려고 한다(마 10:29).

하나님의 주권이 기도를 무용지물로 만든다고 생각하는 사람들이 있다. 만사를 주관하시는 하나님의 주권과 기도는 어떤 관계를 맺고 있을까?

이제부터 에베소서 1장 15-21절에 기록된 바울의 기도를 출발점으로 삼아 이런 문제들에 대한 해답을 찾아보려고 한다.

기도와 하나님의 주권은 서로 양립할 수 있을까?

하나님이 만사를 주관하시고, 그분의 예정하신 계획에 따라 만사가 미리 작정되었다면, 기도한들 무슨 소용 있겠는가? 하나님이 모든 것을 미리 알고 계시는데 우리의 필요를 아뢰고, 그분께 부르짖어야 할 이유는 무엇인가?

어떤 사람들은 이런 의문 때문에 하나님의 주권을 회의적으로 바라본다. 그들은 "우리가 기도하는 것이 하나님의 뜻이라고 알고 있지만, 하나님이 모든 것을 주권적으로 예정하신다는 개념과 기도는 서로 양립할 수 없는 것처럼 느껴진다."라고 말한다.

기도가 하나님의 주권과 양립한다는 사실을 이해하기 위해 사도 바울이 언급한 내용을 살펴보자.

바울은 자신의 여러 서신에서 하나님의 주권을 의도적으로 강조했는데 특히, 에베소서 1장에서 이 주제를 집중적으로 가르쳤다. 그는 에베소서 1장 4절에서 "창세 전에……우리를 택하사"라고 말하며, 5절에서 하나님이 우리를 예정하셔서 자기의 아들들이 되게 하셨다고 덧붙였다. 그는 11절에서도 "모든 일을 그의 뜻의 결정대로 일하시는 이의 계획을 따라 우리가 예정을 입어 그 안에서 기업이 되었으니"라고 말했다.

바울은 최대한 강한 표현을 사용해 우리가 하나님의 주권적인 은혜로 구원받는다는 진리를 힘써 강조했다. 그는 하나님의 주권을 구원의 영역에만 국한시키지 않았다. 그는 사도행전 17장 26절에서 "인류의 모든 족속을 한 혈통으로 만드사 온 땅에 살게 하시고 그들의 연대를 정하시며 거주의 경계를 한정하셨으니"라고 말했다. 바울에게 하나님의 주권은 아무런 제한도 없는, 포괄적이고 전체적인 현실이었다.

그렇다면 하나님의 완전한 주권을 믿었던 바울은 기도에 무관심했을까? 많은 사람이 생각하는 대로 만일 기도와 하나님의 주권이 양립할 수 없다면, 다른 누구보다 바울은 먼저 기도가 중요하지 않다면서 만사를 다스리는 하나님의 주권만을 강조하려고 애썼을 것이다. 하지만 바울의 서신들은 한결같이 하나님의 주권을 가르칠 뿐 아니라 기도의 중요성을 강조했다. 바울 자신도 누구에게도 뒤지지 않는 기도의 사람이었다.

정원에 꽃들이 여기저기 피어있듯, 에베소서를 비롯한 그의 모든 서신 곳곳에는 기도가 점점이 흩어져 있다. 바울은 편지의 수신자들에게 자기를 위해 기도해 달라고 부탁하기를 주저하지 않았다(엡 6:19 참조). 더욱이 그는 종종 하나님의 주권을 직접 언급하며 기도를 드렸다. 데살로니가후서 2장 13절을 보면 그가 "주께서 사랑하시는 형제들아 우리가 항상 너희에 관하여 마땅히 하나님께 감사할 것은 하나님이 처음부터 너희를 택하사 성령의 거룩하게 하심과 진리를 믿음으로 구원을 받게 하심이니"라고 말한 것을 볼 수 있다.

생각해 보라. 바울 사도는 하나님의 포괄적인 주권을 힘써 가르쳤는데도 기도를 중단하지 않았다. 이는 그가 하나님의 예정을 믿는 믿음을 가졌음에도 복음전도에 열정을 다했던 것과 마찬가지다. 그는 하나님의 주권적인 선택을 힘껏 강조하면서도 누구보다도 더 열심히 복음전도와 기도에 열정을 쏟아부었다. 따라서 기도는 하나님의 주권에 대한 일종의 선포라고 할 수 있다.

새뮤얼 스톰스는 다음과 같은 결론을 내렸다.

"바울은 지극히 평온한 태도로 주권적 선택과 기도를 동시에 언급했다.……따라서 우리는 이 두 가지 개념이 신학적으로나 논리적으로 서로 완벽한 조화를 이룬다고 생각해야 마땅히. 하나님의 주권은 기도를 배제하지 않고, 기도는 하나님의 선택을 우연으로 만들지 않는다."[5]

예수님 또한 그러하셨다. 예들 들어, 예수님은 베드로가 예수님을 부인할 것을 미리 예고하셨다. "베드로야 내가 네게 말하노니 오늘 닭 울기 전에 네가 세 번 나를 모른다고 부인하리라"(눅 22:34). 예수님은 베드로가 세 차례 부인할 것이고, 또 그때 닭이 울 것이라는 사실까지도 세세히 언급하셨다. 또한, 예수님은 베드로가 회개하고 다시 믿음을 회복할 것도 미리 알고 계셨다. 하지만 예수님은 기도를 중단하지 않으셨다. 오히려 그분은 베드로에게 "시몬아, 시몬아……내가 너를 위하여 네 믿음이 떨어지지 않기를 기도하였노니"(눅 22:31-32)라고 말씀하셨다.

하나님의 주권과 기도의 관계

이런 사례들을 보더라도 기도와 하나님의 주권은 서로 온전히 양립함을 알 수 있다. 에베소서 1장 결론부를 보면 이 둘의 관계를 쉽게 이해할 수 있다. 15-23절은 기도와 하나님의 주권에 관한 사실을 알려준다.

첫째, 하나님의 주권은 우리에게 기도해야 할 이유를 제시한다. 바울은 15-16절에서 다음과 같이 분명하게 말했다.

"이로 말미암아 주 예수 안에서 너희 믿음과 모든 성도를 향한 사랑을 나도 듣고 내가 기도할 때에 기억하며 너희로 말미암아 감사하기를 그치지 아니하고"

"이로 말미암아"는 바울이 조금 전에 가르친 것, 곧 그리스도 안에 나타난 하나님의 주권적인 은혜를 가리킨다. 그는 그 점을 염두에 두고 에베소 신자들을 위해 기도했다. 그는 그들을 생각하고, 그들의 믿음과 사랑을 떠올리며 하나님의 주권을 묵상하면서 "너희로 말미암아 감사하기를 그치지 아니하고"라고 말했다.

하나님이 주권자이신데도 기도해야 하는 이유는 무엇보다 하나님이 그 주권적인 은혜를 통해 축복을 베푸신 것을 인정하고 그것을 감사하기 위해서다. 기도는 하나님이 우리의 삶 속에서 행하신 일과 다른 사람들을 위해 행하신 일을 기억하고, 그것이 모두 그분의 은덕이라는 사실을 선포하는 것이다.

바울은 에베소서를 이렇게 시작했다.

"찬송하리로다 하나님 곧 우리 주 예수 그리스도의 아버지께서 그리스도 안에서 하늘에 속한 모든 신령한 복을 우리에게 주시되"

그는 하나님이 그리스도 안에서 우리를 위해 행하신 모든 것을 기억하고 하나님께 감사와 찬양의 기도를 드렸다.

바울이 에베소 신자들의 구원에 대해 오직 하나님만을 찬양한 이유는 그들의 구원이 순전히 하나님의 주권적인 선택에서 비롯했기 때문이다. 구원이 하나님의 구원에 근거하지 않고, 우리 인간의 자유의지와 조금이라도 상관이 있다면, 하나님이 모든 찬양을 다 받으실 수 없을 것이다. 그들이 구원받은 것은 전적으로 하나님의 주권에서 비롯했기 때문에 하나님이 모든 찬양과 감사를 받으셔야 마땅했다. 기도는 그것을 선포하는 것이다.

오늘날 많은 사람이 하나님의 주권에 대한 바울의 교리를 거부한다. 그래서 교회에서 기도가 줄어들었다. 제임스 몽고메리 보이스는 사역 말기에 자신이 방문했던 많은 교회들 가운데서 예배 시간에 드리는 기도 시간이 점차 줄어들고 있다는 사실을 발견했다. 또한, 예배 중에 드리는 기도의 내용은 아픈 사람이나 다른 희망 사항을 제시하는 것이 대부분이었다. 신자들은 기도할 때 더 이상 하나님의 속성이나 그분의 사역을 언급하지 않았고, 또 하나님께 감사와 찬양을 돌리지도 않았다.

보이스는 "오직 하나님께 영광을!"이라는 종교개혁의 위대한 주제를 묵상하면서 하나님의 주권을 부인하는 자들에 대해 이렇게 말했다. "그들은 하나님을 영화롭게 하기를 원하지만…… '오직 하나님께 영광을!' 이라고 말할 수 없다. 왜냐하면 인간의 의지나 능력을……복음의 은혜와 혼합시키려고 애쓰기 때문이다."[6]

구원이 인간의 주권, 곧 인간의 선택과 의지와 결정에서 비롯한다고 믿는다면, 우리는 우리의 행위에만 초점을 맞추게 되고, 하나님께 찬양과 감사와 기도를 드리는 일은 소홀히 하게 될 수밖에 없다.

둘째, 하나님의 주권은 우리에게 기도해야 할 필요성을 일깨워 준다.

바울은 "우리 주 예수 그리스도의 하나님, 영광의 아버지께서 지혜와 계시의 영을 너희에게 주사 하나님을 알게 하시고 너희 마음의 눈을 밝히사"(17-18절)라고 말했다.

바울은 우리의 심령에 깨우침을 허락하시고 어두운 눈을 밝히시어 빛을 보게 하시는 하나님께 우리가 온전히 의존해야 함을 깨달았다.

그는 고린도전서 2장 14절에서 "육에 속한 사람은 하나님의 성령의 일들을 받지 아니하나니 이는 그것들이 그에게는 어리석게 보임이요,

또 그는 그것들을 알 수도 없나니 그러한 일은 영적으로 분별되기 때문이라"고 말했다. 바울이 불신자의 회심과 신자들의 영적 성장을 위해 기도했던 이유는 이 두 가지 모두가 성령의 역사를 통해 이루어지기 때문이다.

여기에서 한 가지 문제가 제기된다. 과연 우리의 기도가 하나님의 뜻을 바꿀 수 있을까? 하나님의 생각이나 태도나 목적이 우리의 기도에 의해 바뀔 수 있을까? 기도를 올바로 이해하고 기도와 하나님의 주권의 관계를 옳게 설정하려면, 이 질문에 "그렇지 않다."라고 대답해야 한다. 기도는 하나님의 뜻을 바꿀 수 없다.

기도가 하나님의 생각이나 의지를 바꿀 수 없다면, 기도해야 할 필요도 없다고 생각하는 사람들이 있다. 그러나 기독교인들은 기도가 하나님의 뜻을 바꿀 수 없다는 사실을 못마땅하게 생각하기보다 오히려 감사해야 한다.

하나님은 무한히 지혜로우시다. 무한한 지혜를 소유하신 하나님께 우리의 지혜가 무슨 보탬이 될 수 있겠는가? 하나님은 전지하시다. 그분은 모든 것을 알고 계신다. 그러니 우리가 어떻게 하나님이 모르시는 정보가 있다고 생각할 수 있으며, 우리가 그분에게 더 낫거나 더 많은 정보를 제공할 수 있다고 감히 주장할 수 있겠는가? 더욱이, 하나님은 온전히 거룩하시다. 그러니 죄로 부패한 우리가 하나님의 거룩하심에 도덕적으로 영향을 미치기를 어찌 바랄 수 있겠는가? 하나님은 전지한 지식을 소유하신다. 그분은 과거와 현재와 미래의 모든 일을 훤히 알고 계신다. 그런데도 하나님이 우리의 무지에 근거해 그분의 생각을 바꾸시기를 바라는 것인가? 따라서 우리는 하나님이 주권적이시고, 우리의 기도가 그분의 뜻을 바꿀 수 없다는 사실을 오히려 기뻐해야 마땅하다.

바울은 로마서 11장 34절에서 "누가 주의 마음을 알았느냐 누가 그의 모사가 되었느냐"라고 물었다. "아무도 없다."가 이에 대한 대답이다. 바울의 말대로 하나님의 목적이 영원하다면, 우리의 기도는 결코 그분의 계획에 영향을 미칠 수 없다.[7] 우리의 어리석음이 하나님의 지혜를 좌지우지할 수 없다. 우리의 부패함이 하나님의 거룩하심에 영향을 줄 수 없다. 우리의 무지가 하나님의 온전한 지식보다 더 나을 수 없다.

그렇다면 이번에는 질문을 약간 달리해 보겠다. "우리의 기도가 상황을 바꿀 수 있는가?" 우리가 기도로 구한다면 일어나지 않을 일이 일어나는 경우가 생길까? 이 질문에 대한 대답은 "그렇다."이다.

우리의 기도는 상황을 바꿀 수 있다. 그 이유는 하나님이 주권자이시며, 그분이 기도를, 목적을 이루시는 수단으로 정하셨기 때문이다. 기도는 하나님의 뜻이나 계획을 바꿀 수는 없다. 그러나 하나님은 자신의 계획과 뜻 안에서 기도를 도구로 사용하신다. 이것이 하나님이 "내게 와서 기도하면 내가 너희들의 기도를 들을 것이요"(렘 29:12)라고 말씀하신 이유다.

심지어 기도가 상황을 바꿀 수 없다 해도 기도하는 것은 여전히 가치가 있다. 왜냐하면 기도로 하나님을 찬양할 수 있고, 또 우리 자신을 변화시킬 수 있기 때문이다. 설혹 하나님이 바꾸기를 원하지 않으시는 상황이 있다 해도, 기도하면 그 상황을 대하는 우리의 태도가 달라질 수 있다.

바울은 "아무것도 염려하지 말고 다만 모든 일에 기도와 간구로, 너희 구할 것을 감사함으로 하나님께 아뢰라 그리하면 모든 지각에 뛰어난 하나님의 평강이 그리스도 예수 안에서 너희 마음과 생각을 지키시리라"(빌 4:6-7)고 말했다. 이 구절을 통해 기도의 필요성을 충분히 알 수 있다. 하나님이 우리의 소원을 들어주셔야만 기도가 가치가 있다고 생각하는 사람들은 예배의 중요성과 하나님이 주시는 평화의 가치를 옳게 이해할 수 없다.

더욱이, 기도는 우리 자신을 변화시키는 데 그치지 않는다. 기도는 상황을 바꾸고 사건을 변화시키고 결과를 다르게 만든다. 왜 그럴까? 그 이유는 기도를 받으시는 하나님이 주권자이시기 때문이다. 하나님은 모든 것을 하실 수 있다. 하나님은 기도를, 작정하신 일을 이루시는 수단으로 지정하셨다. 우리는 우리의 필요를 위해 기도해야 하며, 위험과 유혹을 극복하게 해줄 뿐 아니라 우리의 증거와 사역을 독려하는 하나님의 능력과 도우심과 구원을 간구해야 한다. 그 이유는 하나님이 우리의 기도를 통해 그 모든 것을 공급해 주시기로 작정하셨기 때문이다. 마르틴 루터의 말대로, "기도는 마지못해 하시는 하나님을 설득하는 수단이 아니라, 그분이 기꺼이 하려고 하시는 뜻을 구하는 수단이다."[8]

새뮤얼 스톰스는 한 가지 예를 들어 어떻게 기도가 하나님이 구원을 이루시는 수단이 되는가를 보여 주었다. 게리라는 사람이 8월 8일에 그리스도를 영접하게 되기로 하나님이 결정하셨다고 가정해 보자. 또한 나는 모르지만, 하나님이 내가 8월 7일에 게리를 위해 기도하는 것을 들으시고, 그를 구원하기로 작정하셨다고 가정해 보자. 스톰스는 이렇게 말했다.

내가 7일에 기도하는 것을 잊었거나 기도하지 않는다면, 게리를 구원하려는 하나님의 뜻도 좌절되고 마는 것일까? 그렇지 않다. 하나님이 내가 게리의 구원을 위해 7일에 기도하고, 8일에 그 기도에 응답이 주어지도록 작정하셨다는 사실을 기억해야 한다. 하나님은 수단(7일에 드릴 나의 기도)과 상관없이 목적(8일에 있을 게리의 구원)만을 의도하지 않으셨다. 하나님이 게리의 구원을 확실하게 보장하신 것처럼 나의 기도를 확실하게 보장하셨다고 이해한다면, 인간의 견지에서 게리를 향한 하나님의 뜻이 나와 나의 기도에 의존한다고 말해도 틀리지 않을 것이다.[9] 어떤 사람들은 "하나님이 모든 것을 작정하셨는데 굳이 기도해야 할 이유가 무엇인가?"라고 물을지도 모른다. 그 이유는 그 일이 일어날 때까지 하나님이 무엇을 작정하셨는지 알 수 없기 때문이다. 내가 게리의 구원을 심중에 두었다면, 하나님이 기도라는 수단을 축복해 주실 것이라고 믿고 모든 기회를 활용해 그를 믿음과 구원으로 이끌기 위해 애쓰며 기도하는 수밖에 없지 않겠는가?

기도는 하나님의 뜻을 바꿀 수 없지만, 그분의 선하시고 거룩하시고 영원하신 경륜과 주권적인 의지에 따라 상황을 바꾸는 능력을 발휘한다. 때문에 바울은 기도가 긴급히 필요하다고 강조했고, 하나님이 성령을 보내시어 에베소 신자들에게 하나님을 더 깊이 아는 지식을 허락해 주시기를 기도했다.

셋째, 하나님의 주권은 기도해야 할 이유와 필요성을 일깨워 줄 뿐 아니라 기도할 수 있는 힘과 용기를 부여한다. 그 이유는 그리스도께서 지극히 높은 곳에 계시며 교회를 위해 하나님의 왕권을 행사하시기 때문이다.

하나님의 주권이 그리스도 안에서 그분을 통해 행사된다는 사실을 이해하지 못하면, 바울이 에베소서 1장에서 강조하는 가르침을 이해하기 어렵다. 우리가 믿음으로 예수님 앞에 나아갔다면, 그것은 곧 하나님이 우리를 구원의 백성으로 선택하셨다는 뜻이다. 그리스도께서는 우리 죄를 용서하시기 위해 십자가에서 죽으심으로 이미 우리에게 한량없는 사랑을 베푸셨다. 우리가 그리스도께 속해 있다면, 그분은 우리를 위해 계속 하나님의 주권을 행사하신다. 이것이 바울이 에베소서 1장을 마무리하면서 그리스도께서 높임 받으신 사실을 진술하고 있는 이유다. 그는 "그의 능력이 그리스도 안에서 역사하사 죽은 자들 가운데서 다시 살리시고 하늘에서 자기의 오른편에 앉히사 모든 통치와 권세와 능력과 주권과 이 세상뿐 아니라 오는 세상에 일컫는 모든 이름 위에 뛰어나게 하시고"(20-21절)라고 말했다. 하나님이 그리스도를 높이신 이유는 "그를 만물 위에 교회의 머리로 삼으시기"(22절) 위해서다. "교회는 그의 몸이니 만물 안에서 만물을 충만하게 하시는 이의 충만함이니라"(23절).

예수님의 이름으로 하나님 앞에 머리를 조아리며 우리의 마음을 그분께 바치는 것은, 영광과 능력으로 하나님의 오른편에 앉아 계시는 주권자의 이름으로 기도하는 것을 의미한다. 보좌에 앉으신 하나님의 아들은 또한 인자이시기 때문에 우리의 슬픔과 고난은 물론, 우리에게 성령을 통해 주어지는 하나님의 도우심과 은혜와 긍휼과 능력이 필요하다는 사실을 너무나도 잘 알고 계신다.

하나님은 자신의 아들, 곧 인자이신 예수 그리스도를 주권자의 자리에 앉히셨다. 따라서 우리는 우리의 모든 필요를 알고 계시는 주님을 바라보며 용기를 얻을 수 있다. 더욱이, 보좌에 앉으신 주님은 우리를 사랑하시어 우리 죄를 위해 생명을 내주신 분이기 때문에 그 거룩한 능력과 권위를 기꺼이 베푸실 것을 확실히 알 수 있다. 우리를 위해 창에 찔리신 주님이 우리의 기도를 들으신다. 주님이 하늘의 궁전에서 기도를 기꺼이 들어주신다는 사실보다 더 큰 용기를 주는 것이 무엇이 있겠는가? 바울은 로마서 5장 10절에서 "우리가 원수 되었을 때에 그의 아들의 죽으심으로 말미암아 하나님과 화목하게 되었은즉 화목하게 된 자로서는 더욱 그의 살아나심으로 말미암아 구원을 받을 것이니라"고 말했다.

남북전쟁 당시, 매우 절박한 상황에 처한 한 군인이 오직 대통령만이 자신을 도와줄 수 있다고 생각하고 백악관을 찾아갔다. 그러나 대통령을 만나고 싶어 하는 사람들이 너무 많아 비서관들이 그들을 저지하고 있는 광경을 보고 크게 실망하고는 실망해 의자에 주저앉아 있었다. 그때 한 어린 소년이 그에게 다가와 왜 그렇게 슬픈 표정을 짓고 있느냐고 물었다.

"대통령을 만나려고 먼 길을 왔지만, 그를 만날 수가 없구나."

그러자 어린 소년은 그의 손을 붙잡고 경비병과 비서관들 사이를 지나 여러 개의 문을 거쳐 대통령이 일하는 집무실로 그를 안내했다. 그러고는 대통령에게 이렇게 말했다.

"아버지, 이 군인이 아버지의 도움을 필요로 해요."

이에 에이브러햄 링컨은 펜을 내려놓고 고개를 들어 물었다.

"알았다, 아들아. 친구여, 무엇을 도와주면 좋겠소?"

우리를 위해 하늘에 오르신 하나님의 아들 예수 그리스도께서도 그렇게 우리를 도와주신다. 따라서 우리는 기도로 하늘에 계신 아버지 앞에 언제라도 나아갈 수 있다.

홀을 내미시는 왕

하나님이 주권자이시라면, 왜 기도해야 하는가? 그 이유는 주권적인 은혜를 베푸신 하나님께 감사하기 위해서이며, 우리가 성령의 사역에 전적으로 의존해 있기 때문이다. 따라서 기도는 하나님의 주권을 온몸으로 인정하는 행위다.

우리는 하나님이 자신의 아들이요 우리의 구원자이신 그리스도 안에서 은혜를 베풀어 주시기 때문에 기도할 힘을 얻는다. 그리스도께서는 우리를 항상 성부께로 인도하신다. 성부께서는 성자를 교회를 위해 만물의 머리로 세우셨다.

내가 섬기는 교회에서는 신자들이 수요일 저녁마다 기도하기 위해 모인다. 우리가 모이는 이유는 하나님을 예배하고, 그분이 우리 교회와 교인들에게 베푸신 축복에 감사하며, 하나님 나라와 그분의 백성들을 위해 기도하기 위해서다. 기도하지 않으면, 우리의 필요가 어떻게 채워지고, 사역이 무슨 능력을 발휘하며, 삶이 어떻게 되겠는가? 우리가 용기를 내 함께 모여 기도할 수 있는 이유는 하나님의 아들이신 예수 그리스도의 구원 사역을 통해 하나님 앞에 자유롭게 나아갈 수 있는 길이 열렸기 때문이다.

아침에 조금 일찍 일어나서 기도하는 사람들도 있고, 다른 시간에 틈을 내 기도하는 사람들도 있다. 그들은 가족과 친구를 위해, 자녀와 부모를 위해 기도한다. 또한, 병에 걸렸거나 직장을 잃는 등, 큰 어려움을 안고 있는 사람들을 위해 기도하고, 그들이 알고 있는 사람들의 구원을 위해 기도한다. 그들은 사랑으로 복음을 전할 수 있는 기회를 허락해 달라고 기도하고, 고난을 당하는 먼 나라 기독교인들을 위해 기도한다. 그들은 교회를 위해 기도하고, 죄인들의 회개를 촉구하고 구원받은 사람들을 의의 길로 인도하는 말씀 사역을 위해 기도한다.

그렇다면, 당신은 어떤가? 기도로 다른 사람들의 축복을 구하고, 하나님을 섬기기 위해 열심히 하늘의 문을 두드리고 있는가? 기도하는 것이 과연 그렇게 큰 영향을 미칠까? 물론이다. 기도하지 않는 것도 큰 영향을 미치기는 마찬가지다. 야고보는 "니희가 얻지 못함은 구하지 아니하기 때문이요"(약 4:2), "믿음의 기도는 병든 자를 구원하리니"(약 5:15)라고 말했다. 그리스도 안에서 의롭다 하심을 받은 자의 기도는 역사하는 힘이 크다(약 5:16).

우리의 기도가 은혜를 받을 수 있는 특권을 부여한다는 것을 잘 보여 주는 성경의 일화가 있는데 바로 에스더에 관한 일화다.

에스더는 바사의 왕후가 된 아리따운 유대인 여성으로 에스더서는 유대인을 모조리 죽이려 했던 악한 관리 하만의 음모를 다룬다. 하만의 분노를 자극한 에스더의 삼촌 모르드개는 그녀에게 주어진 힘을 사용해 하나님의 백성을 보호하라고 촉구했다. 에스더는 그 말에 선뜻 따르기가 두려웠다. 왜냐하면 왕이 먼저 부를 때만 그의 궁궐에 들어갈 수 있었기 때문이다. 왕의 부름 없이 왕에게 다가가는 사람을 처형하는 것은 당시의 법률이었다(에 4:11). 왕이 자기 앞에 나오는 사람에게 홀을 내밀어야만 목숨을 잃지 않고 왕을 알현할 수 있었다.

에스더는 사흘 동안 금식하며 기도한 뒤에 왕 앞에 나가기로 결심했다. 그녀는 왕후의 옷을 차려 입고 왕을 보기 위해 그의 내실로 향했다. 에스더서 5장 2-3절을 읽어 보면, 당시의 상황을 알 수 있다.

"왕후 에스더가 뜰에 선 것을 본즉 매우 사랑스러우므로 손에 잡았던 금 규를 그에게 내미니 에스더가 가까이 가서 금 규 끝을 만진지라 왕이 이르되 왕후 에스더여 그대의 소원이 무엇이며 요구가 무엇이냐 나라의 절반이라도 그대에게 주겠노라"

이방 나라의 군주가 자신의 아내에게 그렇게 반응했다면, 그리스도의 이름으로 하늘에 계신 성부의 보좌 앞에 나아간 우리는 그보다 훨씬 더 한 것을 기대해도 좋지 않겠는가? 우리도 에스더처럼 하나님이 우리에게 주신 옷, 즉 예수님의 보혈을 믿는 믿음을 통해 우리에게 전가된 그분의 완전한 의를 단정하게 차려 입어야 한다.

하나님과 올바른 관계를 맺는 방법을 알고 싶은가? 그분이 기도를 기쁘게 받아 주시기를 바라는가? 그렇다면 하나님의 아들, 곧 우리가 받아야 할 죗값을 치르시고, 믿는 자에게 자신의 완전한 의의 옷을 허락하시는 예수 그리스도를 믿어야 한다. 그리스도의 신부처럼 옷을 차려 입으면, 하나님이 사랑스럽게 보실 것이 분명하다. 우리의 구주이신 예수님은 만물의 머리로서 영원히 보좌에 앉아 계신다. 그분과 함께라면 하나님은 항상 우리에게 홀을 내미실 것이다.

바울은 에베소서 2장 18절에서 "이는 그로 말미암아 우리 둘이 한 성령 안에서 아버지께 나아감을 얻게 하려 하심이라"고 말했다.

진젠도르프 백작은 이렇게 말했다.

"예수님, 주님의 피와 의가 저의 아름다움이요, 저의 영광스런 옷이 옵니다. 불길이 치솟는 세상 가운데서 이 옷을 차려 입고 기쁨으로 제 머리를 쳐드나이다."[10]

이는 미래에 있을 심판의 날, 곧 그리스도의 의를 덧입고 하나님의 보좌 앞에 나아가게 될 날에만 적용되는 것이 아니다. 지금도 우리의 기도는 예수님께 상달된다. 주권자이신 예수님은 지극한 보살핌과 기쁨과 사랑으로 우리의 기도를 받아 주신다. 이것이야말로 우리가 기도의 사람이 되어야 할 가장 큰 이유이자 가장 큰 필요가 아닐 수 없다. 또한, 이것이야말로 주 예수 그리스도의 이름과 그분을 믿는 믿음으로 하나님께 담대히 나아갈 수 있는 힘과 용기의 원천이 아닐 수 없다.

chapter 8

기도는 특권이다
: 예수님의 이름으로 시작하는 기도

하이웰 존스

그리스도인의 기도가 다른 모든 기도와 구별되는 특징이 하나 있다면, 하나님을 "아버지"라고 일컫는 것이다. 구약 시대의 신자들은 겸손히 하나님을 의지했지만, 그분은 단지 민족적 차원에서만 "아버지"로 일컬어졌다. 그와는 대조적으로, 예수님은 모든 신자에게 하나님을 아버지로 부를 수 있는 권한을 부여하셨고, 성령을 통해 실제로 그렇게 부를 수 있게 해주셨다.

"그리스도인"은 널리 사용되는 친숙한 용어이지만, 그 특별한 의미를 많이 상실한 상태다. 따라서 이 용어가 본래 지니고 있던 의미를 떠올려 보는 것은 큰 가치가 있다.

누가는 하나님의 영감을 받은 역사가로서 이 말이 처음 사용된 때와 장소를 분명하게 기록하고 있다. 그 기록에 따르면, 이 용어는 40년에서 50년 사이에 수리아 안디옥에서 처음 사용되었다(행 11:26 참조).[1]

스데반이 죽은 뒤 예수님을 믿는 유대인들은 예루살렘을 떠나 사방으로 흩어졌다. 북쪽으로 올라가 지중해를 끼고 서쪽으로 향한 신자들 가운데는 유대인에게만 복음의 메시지를 전해야 한다고 생각하지 않았던 이들이 있었다. 그들로 인해 유대인 신자들과 더불어 나사렛 예수를 하나님이 보내신 메시아(그리스도)로 믿는 헬라인들이 생겨났고, 그들은 안디옥에서 매우 독특한 공동체를 형성했다. 그런 그들을 보고 당시 사람들이 비방하며 "그리스도인"이라는 별명을 붙였던 것으로 추정된다. 그로부터 약 20년 뒤, 헤롯 아그립바 2세가 바울의 가르침을 들으면서 이 명칭을 사용했고(행 26:28), 베드로 사도는 고난과 박해를 언급하면서 이 명칭을 사용했다(벧전 4:16).

이 명칭이 생겨나게 된 것과 비슷한 경우가 복음서에서 발견된다. 복음서를 보면, 어떤 유대인들은 '헤롯당(또는 헤롯 당원)'(마 22:16, 막 3:6, 12:13)이라는 이름으로 불렸던 것을 알 수 있다. 그들이 그렇게 불렸던 이유는 헤롯 왕가를 지지했기 때문이다. 따라서 그리스도께 충성을 바쳤던 신자들을 가리키는 용어로 "그리스도인"보다 더 적합한 표현은 없었을 것이 분명하다. "그리스도인"은 유대교의 종파가 아니었다. 그들이 스스로 그 명칭을 만들어내지는 않았지만, 그리스도께 충성을 다했기 때문에 그렇게 불리게 된 것이다.

누기기 전히는 간접 정보에는 중요한 사실이 힘축되어 있다. 약속된 메시아가 오시기 전에 그리스도인이라고 불렸던 사람이 아무도 없었고, 그 명칭은 주님이 오신 후에 생겨났다. 구약 시대의 신자들은 메시아를 기다렸지만, 그 가운데 가장 뛰어난 신자들조차도 그분이 누구시고, 또 언제 오실지 알지 못했다(벧전 1:10-12 참조).

신구약 성경의 관계를 살펴보면, 계시가 차츰 발전된 것을 알 수 있다. 예배에 관해서는 이런 관점을 토대로 지난 수십 년 동안 상당한 논의가 이루어졌지만, 기도에 관해서는 그다지 많은 논의가 이루어지지 못했다. 구약 성경의 기도와 복음서를 제외한 나머지 신약 성경에 등장하는 기도를 간략하게 살펴보기만 해도 연구해야 할 내용이 많다는 것을 곧 알 수 있다.[2]

2005년에 브라이언 채플은 『예수님의 이름으로 뒤에서부터 기도하기』라는 책을 펴냈다. 이 책의 제목에서 보여 주듯, 저자는 개인적인 관심사나 소원을 나열한 후 기도를 마무리하는 표현으로 예수님의 이름을 사용하는 것은 적절하지 않다는 점을 일깨워 주었다. 아울러, 그는 예수님의 이름을 먼저 생각하면서 기도를 시작한다면, 그리스도의 마음과 하나님의 뜻에 훨씬 더 일치하는 기도를 드릴 수 있다는 확신을 보여 주었다. 그의 책에는 "예수님의 이름으로 기도를 시작하라"는 부제가 달려 있는데, 이 글 역시 그러한 확신과 관심에서 출발한다.

"그리스도인"의 기도에는 어떤 특징이 있을까? 이 질문에 대한 대답은 신약 성경에 있다. 주님은 십자가에서 죽으시기 바로 전날 밤에 제자들에게 고별 강연을 전하셨다.

그분은 다락방에서 기도를 "아버지의 이름으로" 드리는 것으로 두 차례나 묘사하시면서(요 15:16, 16:23), "지금까지는 너희가 내 이름으로 아무것도 구하지 아니하였으나"(요 16:24)라고 말씀하셨다. 이는 대수롭게 넘길 말씀이 아니다. 이 흥미로운 구절에 관해 생각해야 할 두 가지 사실이 있다.

제자들은 그때까지 예수님의 이름으로
성부 하나님께 기도한 적이 없었다

제자들이 모두 유대인이었고, 그들이 예수님과 함께 지냈다는 사실을 기억하면 이것은 참으로 놀라운 사실이 아닐 수 없다. 그들은 유대인으로서 구약 성경 전체를 소지하고 있었고, 매일의 기도와 안식일에 회당에서 이루어지는 예배에 익숙했다. 더욱이 그들 가운데 일부는 세례 요한의 제자였고, 그를 통해 기도를 배우기도 했다(눅 11:1). 또한, 그들은 예수님의 제자로서 그분이 기도하시는 모습을 종종 목격했고, 그분의 기도에 깊은 인상을 받았다. 그들은 예수님께 기도를 가르쳐 달라고 요청까지 하였다.

예수님은 그들에게 이방인이나 위선자들처럼 기도하지 말고, 하나님을 아버지로 일컬으며 그분의 영광을 추구하고, 그분이 육체와 영혼에 필요한 것을 모두 공급해 주신다는 것을 굳게 믿으라고 당부하셨다(마 6:5-13, 눅 11:2-4). 예수님은 여러 비유를 통해 기도에 관해 분명한 가르침을 베푸시기도 하셨다(눅 11:5-13, 18:1-14). 그러나 그들은 예수님의 이름으로 아버지께 구하지 않았다.

성공회 신약 성경 학자인 스위트는 "'구하라 그러면 받으리라'는 간단한 명령과 약속이 예수님의 사역 초창기에 주어졌지만, '내 이름으로' 기도하라는 조건은 마지막까지 유보되었다."라고 말했다.[3]

"구하라"는 개념이 주를 이루는 요한복음 16장 18-26절에 관심을 기울여 보자. 헬라어 원문에는 서로 다른 세 개의 동사가 사용되었지만, 영어 성경에는 모두 "구하라"로 번역되었다. 영어 표준역 성경(ESV)은 이 동사들을 모두 똑같은 말로 번역했다. 그러나 문맥을 고려하면 의미가 약간씩 다른 것을 알 수 있다. 다시 말해, 어떤 경우에는 "요청을 하다"라는 의미보다는 "질문하다"라는 의미로 이해하는 것이 더 적절할 수 있다. 새 미국 표준역 성경(NASB)은 "질문하다"는 의미로 19, 23, 30절을 번역했다. 이를 통해 제자들이 질문을 많이 했음을 알 수 있다. 영어 표준역 성경(ESV)도 30절을 "질문하다"는 의미로 번역했다. 이런 사실은 문맥에 적절하다고 판단될 때마다 번역을 달리할 수 있는 여지가 있음을 보여 준다. 그리스도의 이름으로 성부께 구하는 것은 예수님께 질문을 하는 것과는 사뭇 다른 일이다. 기도는 구약 시대에 여호와 하나님께 구하는 것과도 큰 차이를 드러낸다.

제자들은 그때까지 예수님의 이름으로 성부 하나님께 기도할 수 없었다

예수님은 다락방에서 고별 강연을 하시면서 자기가 떠나는 것이 제자들에게 손실이 아닌 유익이 될 것이라는 점을 강조하셨다. 그분은 "지금까지는 너희가 내 이름으로 아무것도 구하지 아니하였으나"라고 말씀하셨는데, 이 말씀은 제자들을 꾸짖는 의미가 아니라 그 동안의 상황을 이야기하는 의미를 지닌다. 이 점은 바로 뒤에 이어지는, 그런 상황이 곧 바뀔 것이라는 예수님의 말씀을 통해 즉각 확인된다.

예수님은 제자들이 자기의 이름으로 성부 하나님께 기도할 수 있게 될 뿐 아니라 풍성한 응답을 받을 것이라고 약속하셨다. 그들은 당시에는 그렇게 기도할 수 없었다. 그 이유를 설명하면 다음과 같다.

첫째, 예수님은 제자들을 "작은 자들아"(요 13:33)라고 부르셨는데, 이 말은 사랑의 감정이 담긴 애칭이지만, 그들이 아직 영적으로 미숙한 상태였음을 아울러 암시한다.[4]

예수님이 떠나실 때가 되자 제자들의 심령은 크게 동요된 상태여서(요 14:1, 27) 그들은 충동적으로 충성을 다짐하기도 했고(요 13:36-38), 무지를 드러내는 질문을 던지기도 했다(요 13:7, 36-38, 14:5, 8, 22, 16:17-18). 그들은 물리적인 것, 보이는 것, 세상 것(요 16:7 참조)에 집착했던 탓에 예수님이 떠나시는 것이 자기들에게 유익이라는 것을 선뜻 믿지 못했다. 그들은 "그리스도 이전"의 사고방식에 매여 있는 상대였다.

둘째, 예수님은 "지금까지"라는 표현을 사용해 새로운 변화가 일어날 것을 암시하셨다. 헤르만 리덜보스는 이 표현이 "세대의 변화를 나타낸다."라고 말했다.[5]

제자들은 옛 언약이 물러나고 새 언약이 대두되는 과도기인 구원사의 매우 독특한 시대를 살았다. 하나님의 견지에서 보면, 이런 변화는 나비가 번데기에서 나오는 것처럼 매우 자연스러운 과정이었다. 그러나 인간의 견지에서 보면, 큰 충격을 안겨 주는 대변동이었다(히 12:27 참조).[6] 제자들은 이제 곧 종교와 사회와 개인의 차원에서 대홍수와 바벨론 포로 사건을 합쳐 놓은 것보다 더 큰 격변을 일으킬 사건을 겪을 예정이었다(사 54:7-10 참조). 그들이 고아처럼 될까 봐 두려워한 것은 당연했다(요 14:18 참조). 예수님은 그들의 상실감을 달래 주시기 위해 "조금 있으면", "그날에는"과 같은 표현으로 "지금까지"라는 말의 의미를 설명하셨다.

- **"조금 있으면"**(16-19절)

예수님은 떠나실 때가 임박했다는 사실을 제자들에게 말씀하시면서 이 표현을 사용하셨다(요 13:33 참조). 그분은 자신이 떠나면 아무리 찾아도 찾을 수 없을 것이라고 유대인들에게 말씀하셨던 일(요 7:32-36, 12:35)을 상기시키시면서 제자들에게도 그렇게 말씀하셨다.

여기에는 두 가지 차이가 있다. 예수님은 제자들에게 "너희가 나를 찾지 못할 것"이라고 말씀하지 않으시고, "조금 있으면"이라는 표현을 거의 동시에 두 번이나 사용하셨다. 예수님이 제자들에게 "너희가 나를 찾지 못할 것"이라고 말씀하지 않으신 이유는 다시 돌아오실 때 그들을 친히 찾으실 것이기 때문이다. 예수님은 혼란에 휩싸인 제자들에게 자신이 떠날 뿐 아니라 다시 돌아올 것이라고 말씀하셨고, 지금과 그때에 그들이 각각 느끼게 될 감정에 대해 설명하셨다(요 16:16-17, 19, 25).

따라서 "조금 있으면"은 구원사적 사건과 거기에 상응하는 제자들의 경험을 가리킨다. 그들은 예수님을 더 이상 보지 못할 것이고, 그로 인해 슬픔을 느낄 것이다. 그러나 예수님은 다시 돌아오실 테고, 그때는 그들이 크게 기뻐할 것이다. 이 과정은 다시 반복되지 않는다. 기쁨이 그들의 슬픔을 몰아내고, 영원히 지속될 것이다(요 16:20, 22절).

- **"그날에는"**(23-26절)

이 표현은 구약 시대의 선지자들이 사용했던 전문 용어다. 그들은 "여호와의 날", 즉 메시아의 강림에 관해 예언할 때면 종종 "그날에", "말일에", "장차"와 같은 표현을 사용했다. 출애굽의 경우처럼, 하나님이 말세에 친히 개입하시어 원수들을 심판하시고 선택받은 백성을 구원하실 것이다.

신약 성경에서 주님의 개입은 초림과 재림으로 나뉜다. 초림의 목적은 구원이고, 재림의 목적은 심판이다. 이처럼 "그날에"라는 표현은 두 경우와 모두 관련을 맺는다. 즉, 초림과 재림은 둘 다 "마지막 날"로 묘사되며, 그 사이에는 시대적 간격이 존재한다. 또한, 이 두 시대는 영원으로 이어진다. "그날"은 시대, 곧 "주의 해(Anno Domini)"를 묘사한다. 마지막 날은 이미 시작되었고, 계속 진행되다가 절정에 도달할 것이다. 신자는 초림을 바라보며 그 안에서 사는 동시에 재림을 기대한다. 왜냐하면 약속된 메시아이신 예수님이 지금 보좌에 앉아 계시기 때문이다.

예수님은 이 사실을 설명하시기 위해 "때"(요 16:25)라는 용어를 사용하셨다. 예수님은 "십자가에서 죽으실 것과 높임 받으실 것"(요 7:30, 8:20,

12:23, 27, 13:1, 17:1)과 그로 인해 나타날 결과(요 5:28-29)를 거듭 언급하셨다."
7) 하나님의 시계는 마지막 시보를 알렸다. "말세"가 시작되었고 시간의 변화는 더 이상 없을 것이다. 그날이 밝았고 "어둠이 지나가고 참빛이 벌써 비추었다"(요일 2:8).

예수님은 해산을 앞둔 여인에 관한 비유로 구원-언약적인 시대가 열렸다는 사실을 강조하셨다. 여인의 해산은 단지 고통이 기쁨으로 바뀌게 될 것만을 의미하지 않는다. 이 비유는 "여호와의 날"과 관련된 구약 성경의 비유 가운데 하나로, "그날"은 하나님의 백성에게 슬픔이 기쁨으로 바뀌는 날일 뿐 아니라 심지어는 생명에 의해 죽음이 정복되는 날이기도 하다(사 26:17-18 참조). 예수님과 제자들은 새 시대를 여는 해산의 고통을 경험할 것이다. 물론, 예수님의 고통이 제자들보다 훨씬 더 클 것이었다. 그분은 체포당해 단죄를 받으실 것이고, 제자들은 그분을 버리고 도망칠 것이었다(32절). 그러나 예수님은 세상을 정복하시고, 그들에게 평화를 주실 것이었다(33절).

제자들은 예수님의 이름으로
성부 하나님께 기도하게 될 것이다

예수님은 "내 이름으로 구하라"는 말씀으로 제자들에게 이 점을 확실히 보장하셨다. 그분은 더 이상 비유로 말씀하지 않고 "아버지에 대한 것을 밝히 이르실"(25절) 날이 되면 그렇게 기도하게 될 것이라고 분명히 말씀하셨다. "그날"은 성자를 통해 구원이 완성될 뿐 아니라, 성령을 통해 더 큰 계시가 주어지는 시대가 열릴 것을 암시한다. 복음서에 여러 차례 나타나는 "더 큰"이라는 용어가 이 사실을 분명하게 보여 준다(요 1:50, 5:20, 14:12 참조).

"예수께서 아직 영광을 받지 않으셨으므로 성령이 아직 그들에게 계시지 아니하시더라"(요 7:39)는 다소 신비로운 말씀도 이 사실을 암시하기는 마찬가지다. 오순절에 제자들에게 더 큰 빛이 임해 예수님이 가르치셨던 진리를 더욱 분명하게 깨닫고, 그분이 가르치지 않으신 진리까지 알게 되는 역사가 일어났다(요 14:26, 16:13-15). 복음을 증언하는 성령의 사역은 구원 계시의 발전과 보조를 맞춘다.

이처럼 구원사와 관련된 중요한 사건들과 그로 인한 결과가 모두 "그날"이라는 표현에 내포되어 있다. 제자들에게 주어졌던 성부 하나님에 관한 계시가 더욱 분명하고 온전하게 드러나, 이스라엘의 하나님이 그분의 아들 예수 그리스도 안에 나타나셨다는 사실이 명백히 밝혀지고, 그들은 그 계시의 빛 안에서 성부께 기도를 드리게 될 것이었다. 성령께서는 그들의 이해를 넓혀 주시고, 그들의 기쁨과 평화를 더욱 크게 하실 것이었다. 그 결과, 제자들은 성부 하나님께 더 많은 기도를 드리며 세상을 향해 복음을 전하게 될 것이었다. 그들은 예수님께 질문을 하는 대신, 그분의 이름으로 성부 하나님께 필요한 것을 구할 것이며, 기도할 때 하나님을 아버지로 일컫게 될 것이었다.

이런 발전을 입증하는 두 가지 증거가 사도행전에서 발견된다. 제자들은 예수님이 승천하시기 직전에 "주께서 이스라엘 나라를 회복하심이 이때이니이까"(행 1:6)라고 물었다. 이는 그들이 "주님의 해(AD)"에 살고 있으면서도 여전히 "그리스도 이전(BC)"의 사고방식에서 벗어나지 못했음을 보여 준다. 그러나 오순절에 성령이 강림하시고 난 뒤부터 그들은 "예수님은 지금 어디 계시는가? 왜 그분은 우리와 함께 있지 않으신가? 그분은 대체 어디로 가신 것일까? 하늘은 어디인가? 왜 그분은 그곳으로 가셨는가? 그분은 그곳에서 무엇을 하고 계시는가?"와 같은 질문을 더 이상 하지 않았다.

"그리스도인"의 기도가 지니는 독특한 특성을 살펴보기 전에, 먼저 불신자들의 기도와 그리스도 이전의 기도를 살펴보고자 한다.

• 불신자들의 기도

기도는 기독교뿐만 아니라 여러 잡다한 형태의 종교 안에서 공통적으로 발견되는 특징이다. 그 이유는 인간이 죄로 인해 타락했지만, 하나님의 형상으로 지으심을 받은 흔적이 완전히 사라지지 않았기 때문이다. 심지어 무신론자와 불가지론자들 가운데도 '신의식(sensus divinitatis)'이 존재한다.[8] 우상들에게 감사하고, 그들을 달래기 위해 희생 제물을 바치고, 그들의 도움을 구하는 것은 모두 인간이 타락한 피조물이자 의존자라는 증거다. 우상을 찬양했던 블레셋 사람들(삿 16:23-24), 자기 몸을 상하게 만든 바알 선지자들의 광적인 행동(왕상 18:25-26), 요나가 탄 배의 선원들(욘 1:5), 유아를 살해해 희생 제물로 바친 행위(왕하 16:3, 미 6:7) 등이 그 대표적인 사례인데 예수님은 이방인들의 "많은 말"이라는 표현으로 이 사실을 간단히 압축하셨다.[9]

그런 활동들도 기도로 간주해야 한다. 왜냐하면 그렇게 하는 것이 곧 삶의 현실을 인정하는 것이기 때문이다. 물론, 그런 현실을 인정해야 한다고 해서 모든 기도가 다 똑같다거나 예수님의 이름 없이 기도하는 타종교의 기도 의식을 정당화하자는 뜻은 아니다. '불신자들의 기도'는 성령께서 그 주권적인 뜻에 따라 죄인들에게 예수 그리스도의 복음을 전하시려고 그들의 마음을 움직이신 결과일 수도 있다(욥 33:14-30). 고넬료가 더 많은 진리를 깨닫기까지는 어디에선가부터 시작점이 필요했다(행 10, 11장). "기도와 구제가 하나님 앞에 상달되어 기억하신 바 되었으니"(행 10:4)라는 말씀은 베드로가 그를 방문하기 전 그의 영적 상태를 묘사한다. 그가 이러한 상태에 있었기 때문에 "구원 받을 말씀"(행 11:14) 곧 자신과 식구들을 구원으로 인도해 줄 말씀을 들을 준비가 된 것이었다.[10]

• 그리스도 이전의 기도

불신자들의 기도와 그리스도 이전의 기도는 엄청난 차이가 있다. 그리스도 이전의 기도는 하나님의 말씀을 믿는 마음에서 비롯된 것으로 이스라엘의 역사를 통해 점진적으로 계시되어 성경에 기록되었다. 이 기도는 천지의 주재요 언약의 구원자이신 주 하나님, 곧 살아 계시는 유일하고 참되신 하나님께 드리는 기도를 가리킨다. 특히 시편에서 알 수 있듯, 구약 시대 신자들은 하나님께 찬양과 감사를 드리며 용서와 도움을 간구하고 헌신을 다짐하면서 그분의 구원 행위와 거룩하신 말씀을 높이 기렸다. 그들은 하나님의 약속을 믿는 믿음과 그분의 은혜를 의지하는 마음으로 기도를 드렸다. 그리고 하나님은 그들의 기도를 들으시고 은혜롭게 응답하셨다.

구약 성경의 기도는 구약 성경의 다른 말씀과 마찬가지로 신약 성경과 완벽하게 조화를 이루는데, 그 이유는 동일하신 하나님이 하나의 복음을 말씀하셨기 때문이다(히 1:1-3 참조).

때로는 기도의 초점을 약간 다르게 조정해야 할 필요성이 있는데, 대표적으로 간절한 심정으로 하나님과 선택받은 백성의 원수를 심판해 달라고 빌었던 시편의 기도다.[11]

그런 기도를 올바로 이해하려면, 신약 성경이라는 렌즈가 필요하다. 즉, 이는 복수를 부르짖는 내용이라기보다 하나님을 대적하는 것을 악으로 여기고, 그분이 거룩히 여김을 받으시기를 원하는 열망을 표현한 것이다. 그런 기도는 구약 성경의 다른 곳에서는 물론, 신약 성경의 여러 곳에서 발견된다(계 6:10, 11:17-18, 19:1-2).

아울러, 그런 기도는 그리스도의 성육신이 아니라 만물의 마지막 때에 있을 심판과 관련있는데, 이런 사실은 구약 성경의 예언과 기대를 더욱 명료하고 뚜렷하게 만든다. 하나님은 단번에 개입하시어 한꺼번에 심판과 구원을 베풀지 않으셨다. 오히려 메시아가 오신 목적은 세상을 심판하기 위해서가 아니라 구원하기 위해서였다(요 3:15, 16). 그러나 그분은 장차 경건하지 않은 자들과 회개하지 않은 자들을 심판하기 위해 다시 오실 것이다. 그런 구분은 그리스도 이전(BC)이 아니라 오직 그리스도 이후(AD)에만 가능했다. 예수님의 공생애 기간 동안, 이스라엘의 경건한 사람들조차도 그런 차이를 식별할 안목이 없었다. 메시아가 와서 세상의 죄를 짊어지실 것이라고 예언했던 세례 요한도 예외가 아니었다. 그 이유는 그가 "율법과 선지자"의 시대에 속해 있었기 때문이다(마 11:2-15). 심지어는 예수님의 제자들도 그 점을 확실하게 이해하지 못했다(눅 9:54).

- **주기도 : 그리스도 이전의 기도일까, 그리스도인의 기도일까?**

이 시점에서 "주기도"로 알려진 기도를 어떤 관점에서 바라보고 사용해야 할 것인지를 생각해 보는 것이 좋을 듯하다. 주기도는 그리스도인의 의식 속에서 매우 중요한 위치를 차지해 왔고, 오랫동안 예배에 사용되어 왔다. 예배에 주기도를 사용하는 것이 필수인가 하는 문제에 관해 논쟁이 크게 불거진 때는 17세기였다.

특히 1662년에 "통일령"을 공포해 주기도를 의무화시키자 심화되었다. 당시 영국 청교도였던 존 오웬은 "예전과 그 중요성에 관한 논의"

라는 논문을 발표하면서 이렇게 말했다.

주님은 제자들에게 이 기도를 되풀이하라고 명령하셨다.……(그러나) 당시 (그분은) 유대 교회의 모든 예배를 준수하셨고, 그 가운데서 복음의 교리를 가르치셨다. 주님은 아직 영광을 받으시지 않았기 때문에 성령께서도 아직 임하시지 않았다.……주님은 제자들에게 성령을 허락하시어 그들에게 요구하신 예배를 드릴 수 있게 하시겠다고 약속하셨다.……(따라서 그 옛 기도는) 구약 시대에 속했던 것으로 보인다.[12]

19세기 남장로교 신학자 대브니는 공중 예배에서 주기도를 사용하는 것은 적절하지 않다고 판단했지만, 주기도를 "우리의 기도 형태를 인도하는 일반적인 지침이자 적절한 필요에 따라 우리가 이용할 수 있는 기도의 한 가지 형식"으로 간주했다. 그는 자신의 입장을 이렇게 밝혔다.

주기도가 기독교인들을 위한 기도의 본보기라는 것을 논박할 수 있는 가장 설득력 있는 근거는 주기도 안에 중보자이신 주님이나 그분의 공로와 중보 사역을 통한 응답을 언급하는 내용이 전혀 없다는 점이다. 그 이유는 주기도가 구약 성경의 기도 가운데 하나이기 때문이다. 그때도 여전히 구약 시대에 속했기 때문에 주기도 역시 그렇게 의도된 것으로 볼 수 있다.

구약 시대가 끝나갈 무렵, 그리스도께서는 자기 이름으로 기도하라고 명령하심으로써 그 점을 보완하셨다(요 14:13, 15:16, 16:23-24 참조). [13]

프린스턴에서 아치볼드 알렉산더의 동료로 함께 일했던 새뮤얼 밀러도 그와 비슷한 주장을 제기했다.

주기도를 신약 시대의 빛과 특권과 권리에 근거한 온전한 기도를 구성하는 데 필요한 모든 요소를 담고 있는 기도로 받아들이는 것은, 현 세대의 기독교인으로서 우리가 마땅히 인정하고 굳게 붙잡아야 할 원리, 곧 하나님 나라가 임했고, 복음의 시대가 이미 열렸다는 원리를 사실상 포기하는 것이나 다름없다. 우리가 믿는 위대하신 대제사장의 공로와 중보 사역을 언급하지 않는 기도는 온전한 그리스도인의 기도라고 말할 수 없다. [14]

이런 견해들은 우리가 지금 이 본문에서 기도와 관련된 은혜 언약의 시대를 옛 시대와 새 시대로 구분하는 방식을 지지하는 듯 보인다. 예배에서 주기도를 사용하는 것이 적절하냐에 관한 논의는 앞으로도 계속될 테지만, 그리스도인들이 주기도를 모든 기도의 길잡이로 삼아야 한다는 것에는 더 이상의 의문이 있을 수 없다. [15] 이 문제에 관한 칼빈의 견해는 기억할 만하다.

주기도는 모든 점에서 너무나 완벽해 그것과 관계없는 낯선 요소를 첨가하는 것은 불경스러운 일로 하나님의 인정을 받을 수 없다. 주님은 이 요약된 기도를 통해 우리에게는 필요하고, 그분에게는 지극히 합당하고 만족스러운 것, 요컨대 그분이 기꺼이 응답해 주실 것을 알게 하셨다.[16]

그러나 칼빈이 주기도를 문자 그대로 사용해야만 주님이 받아 주시는 참된 기도라고 못 박지 않았다는 사실을 잊어서는 안 된다. 그는 성경에는 "주기도와 표현이 매우 다르지만……같은 성령으로 기록되어 우리에게 매우 큰 유익을 가져다주는 기도"가 많다고 인정했다. 더욱이 그는 "같은 성령으로 많은 기도가 신자들에게 주어졌다. 그 기도들은 주기도와 표현상 유사점이 거의 없다."라고 덧붙였다. "표현은 사뭇 다르지만 의미는 다르지 않다."는 점이 무엇보다 중요하다.[17] 주기도는 구약 성경의 모든 기도를 압축한 기도의 정수이자 신약 시대 기도의 모형이요, 그리스도께서 재림하실 때까지 계속될 "그리스도인"의 기도의 길잡이다.

"그리스도인"의 기도

그리스도인의 기도란 "예수님의 이름으로 성부 하나님께 드리는 기도"를 가리킨다. 구약 시대에 "이름"은 그 사람의 인격을 나타냈을 뿐 아니라, 아브라함과 사라의 경우처럼 차후에 새로 붙여져 하나님의 목적 안에서 그 사람이 담당하게 된 역할을 암시하는 기능을 했다.[18] 하나님의 이름은 그분의 임재하심과 구원 사역을 나타낸다. 예수님은 성부께서 보내신 자, 곧 그분의 메시아이셨다. 예수님은 자신의 이름이 아니라 아버지의 이름으로 오셨다(요 5:43). 따라서 예수님의 이름으로 성부 하나님께 기도하는 것은 그분을 선지자요 제사장이요 왕으로 고백하는 것이며, 찬양과 고백과 감사와 간구를 통해 그분을 섬기는 것과 같다.

칼빈은 "믿음의 주된 활동이자 매일 하나님의 축복을 우리에게 가져 나르는 수단으로서의 기도"라는 주제를 논하면서, 기도를 예수 그리스도를 중보자로 믿는 믿음과 복음에 약속된 성령의 도우심에 결부시켰다. 그는 이렇게 말했다.

우리가 필요로 하는 것과 우리에게 없는 것은 모두 하나님과 주 예수 그리스도 안에 있다. 성부께서는 모든 충만이 예수 그리스도 안에 거하게 하셨다(골 1:19, 요 1:16). 따라서 우리는 넘쳐흐르는 샘물에서 물을 길어 올리듯 거기에서 모든 것을 얻을 수 있다.……복음을 통해 믿음이 생겨나는 순간, 우리의 마음은 하나님의 이름을 부르도록 길들여진다(롬 10:14-17).……우리 마음에 복음의 증거를 인치신 양자의 영(롬 8:16)께서 우리의 영혼을 고무해 하나님 앞에 나아가 소원을 아뢰고, 말할 수 없는 탄식을 토해내게 하시며(롬 8:26), 담대히 "아빠 아버지"(롬 8:15)라고 부르짖게 하신다.[19]

이처럼 그리스도인의 기도는 "넘쳐흐르는 샘물(그리스도)"을 길어 올리는 것이며, 성령으로 "고무되어" 하늘에 계신 아버지 하나님께 나아가는 것이다. 그리스도인의 기도는 새 언약에 속한다. 칼빈은 구약 시대의 성도들의 기도도 "중보자의 은혜"가 소급 적용되기 때문에 하나님의 응답을 받았다고 주장하면서도 요한복음 16장 24, 26절을 설명하면서 이 점을 분명히 지적했다.[20] 그는 요한복음 16장 26절을 이렇게 주석했다.

> 우리는 그리스도께서 제자들에게 자신이 승천하신 뒤에 자신의 중보 사역에서 피난처를 찾으라고 명령하셨을 때의 상황에 주의를 기울여야 한다. 그분은 "그 날에 너희가 내 이름으로 구할 것이요"라고 말씀하셨다.

그런 다음, 요한복음 16장 24절을 이렇게 설명했다.

> 그리스도께서 제자들에게 그분의 이름으로 기도를 시작해야 할 때가 이르렀다고 말씀하신 이유는 무엇일까? 그 이유는 그분의 은혜가 우리 가운데서 더 많이 인정받아 오늘날처럼 더욱 눈부신 빛을 발하게 하시기 위해서였다.······(제자들은) 그리스도께서 하늘로 승천하신 뒤에 이전보다 더 확실한 교회의 옹호자가 되실 것이라는 사실을 아직 명확히 이해하지 못한 상태였다.[21]

"그리스도인"의 기도의 특징은 "더 확실한 옹호자"가 계시고, "영혼이 고무되어" 하나님 앞에 담대히 나아갈 수 있다는 데 있다. 이런 결과가 나타나는 이유는 서로 뚜렷하게 구별되면서도 상호보완적인 사역을 행하시는 두 옹호자, 곧 하나님의 보좌 옆에서 신자들이 성부 하나님께 다가갈 수 있도록 도우시는 성자 하나님(요일 2:1, 2)과 신자들 안에서 그가 하나님의 자녀요 상속자라는 사실을 증언하시는 성령 하나님(롬 8:15-28)이 계시기 때문이다. 이 두분의 사역은 구약 시대에는 휘장 뒤에 가려져 있었지만, 신약 시대에는 확실하게 나타난다.[22] 그 덕분에 신자는 담대하게 하늘에 계시는 성부 하나님께 나아가 말과 탄식으로 모든 것을 호소할 수 있게 되었다.[23]

우리의 기도 언어는 신구약 말씀에서 비롯된다. 계획을 세워 성경을 규칙적으로 읽고, 그 내용을 암기함으로써 이 광야 같은 세상을 나그네로 살아가는 동안 하나님과 동행하는 삶을 살고자 에써야 할 이유가 여기에 있다. 사적으로나 공적으로 말씀을 읽거나 기도할 때, 말씀이 살아 역사하기 시작한다. 말로는 표현하기 어려울 정도로 오직 탄식만을 토하며 눈물을 흘릴 수밖에 없는 상황도 있다. 성령께서는 이 무언의 언어를 이해하시고 성자를 통해 성부께 전달하신다.

칼빈은 성령께서는 "우리 안에 확신과 소원과 탄식을 불러일으켜 우리의 타고난 능력으로는 해결할 수 없는 것을 표현하게 하신다"라고 말했다. 이것이 "성령 안에서 기도하라"는 말씀의 의미다(엡 6:18).

마지막으로, "그리스도인의 기도"가 지니는 세 가지 특징에 대해 설명하고자 한다. 이 기도는 사도행전 4장 23-30절에 기록된 예루살렘 교회의 기도에서 처음 모습을 드러냈는데, 이는 그리스도인의 기도가 구약 성경의 기도와 꼭 닮은 듯하면서도 새 언약의 현실과 언어를 통해 새롭게 완성되었다는 사실을 여실히 보여 준다.

- 삼위일체적 기도

신약 성경에 기록된 송영, 축도, 소원, 기도에는 성삼위 하나님의 이름이 함께 표현된다. 이는 나중에는 신조를 형성하는 중요한 틀이 된다. 먼저 성부께서 가장 앞선 위치를 차지하시고, (때로는 그분과 나란히) 성자께서 그 뒤를 잇고, 그 뒤에는 성령의 사역이 언급되는 형태가 일반적이다. 베드로와 요한, 특히 바울의 글에서 그와 같은 특징이 두드러지는데, 바울은 성부와 성자를 함께 언급했고, 성령의 사역 역시 빼놓지 않았다.

그는 "그(예수 그리스도)로 말미암아 우리 둘(유대인과 이방인)이 한 성령 안에서 아버지께 나아감을 얻게 하려 하심이라"(엡 2:18)고 선언하기까지 했다. 또한, 그는 "주 예수 그리스도의 은혜와 하나님의 사랑과 성령의 교통하심이 너희 무리와 함께 있을지어다"(고후 13:13)라고 축도했다. 물론, 이런 표현은 "여호와"라는 하나님의 이름이 지니는 의미를 밝힌 것이지만(하늘에서 들으시고, 세상에 내려와 자기 백성을 속박에서 건져내시고, 젖과 꿀이 흐르는 땅으로 그들을 인도하신 분), 구약 시대에는 그 의미가 명백해질 "날과 때"를 기다려야 했다.

• 더 넓어진 기도의 범위

그리스도인이 교회와 동료 신자들을 위해 기도하는 것은 당연하다. 신약 성경의 서신서에 기록된 기도와 그 간구 내용이 이 점을 입증한다(요일 5:16 참조). 그러나 그리스도인의 기도에는 세상이 포함되어야 한다. 구약 성경은 하나님의 선하심과 은혜를 이스라엘 민족에게만 국한하지 않는다. 시편 저자는 "여호와께서는 모든 것을 선대하시며 그 지으신 모든 것에 긍휼을 베푸시는도다"(시 145:9)라고 말했다. 모든 사람은 마땅히 하나님께 기도해야 한다. 그러나 그렇지 않을 때도 하나님은 "은혜를 모르는 자와 악한 자에게도 인자하시다"(눅 6:35). 욥과 라합, 사렙다 과부, 니느웨 백성이 이 사실을 입증한다. 그러나 "주의 해(Anno Domini)"가 시작된 뒤로는 이 사실이 더욱 명백해졌다.

하나님은 원수에게까지 친절과 사랑을 베푸시며(마 5:44-45), 멸망하는 사람들이 가득한 악한 세상을 위해 자기 아들을 내주셨다(요 3:16). 하나님의 은혜로운 관심과 사랑은 교회에만 국한되지 않는다. 따라서 바울은 복음이 만민에게 전파되기를 소원하며 모든 사람을 위해 무슨 기도든 아끼지 말라고 권고했다. 복음은 모든 사람에게 널리 전파되어야 하는 것이다. 중보기도의 사역은 복음 전도에 크게 이바지한다. 바울은

"모든 사람을 위하여 간구와 기도와 도고와 감사를 하되……이것이 우리 구주 하나님 앞에 선하고 받으실 만한 것이니 하나님은 모든 사람이 구원을 받으며 진리를 아는 데에 이르기를 원하시느니라"(딤전 2:1, 3-4)고 말했다.

• 자녀가 아버지에게 드리는 기도

그리스도인의 기도가 다른 모든 기도와 구별되는 특징이 하나 있다면, 하나님을 "아버지"라고 일컫는 것이다. 구약 시대의 신자들은 겸손히 하나님을 의지했지만, 그분은 단지 민족적 차원에서만 "아버지"로 일컬어졌다(출 4:22, 사 63:16). 그와는 대조적으로, 예수님은 모든 신자에게 하나님을 아버지로 부를 수 있는 권한을 부여하셨고(눅 11:2, 요 20:17), 성령을 통해 실제로 그렇게 부를 수 있게 해주셨다(롬 8:15, 갈 4:6).

또한, 하나님이 항상 우리의 기도를 들으시고 응답하실 것이라고 약속하셨다. 성부께서는 자기 자녀들의 기도를 외면하실 수 없다. 그 이유는 선택받은 자들의 장자로서 하늘에서 자신의 오른편에 앉아 계시는 그리스도를 외면하실 수 없기 때문이다. 성부께서는 성자를 보내시어 자신과 관계가 단절된 자녀들을 다시 불러 모아 집으로 데려오게 하셨다. 따라서 성부께서는 자녀들이 믿음과 사랑으로 자신의 이름을 부르는 것을 기뻐하시며 긍정적으로 반응하신다.

하나님의 자녀들은 그분의 말씀에 따라 기도하고, 하나님은 자신의 뜻에 따라 응답하신다. 물론, 이 둘은 서로 다르지 않다. 왜냐하면 하나님이 말씀을 통해 자신의 뜻을 드러내시어 자신을 기쁘게 하는 것이 무엇인지 자녀들에게 알려 주시기 때문이다. 따라서 하나님의 자녀들은 그분이 베풀기를 기뻐하시는 것을 기도로 구하면, 그분이 기꺼이 응답하실 것이라고 확신한다. 하나님의 자녀들은 모든 필요를 채울 수 있는 풍성한 은혜가 그분에게 있고, 또 그분이 무엇을, 언제 베풀어야 할지에 대해 누구보다 더 잘 알고 계신다는 사실을 알고 있다. 하나님의 자녀들은 고아처럼 버림받는 일이 절대 없다는 사실을 알고 있기 때문에 안심하고 하나님을 의지한다. 그리고 어느 날 자신들의 부족한 기도가 응답되었다는 것을 깨닫고 놀라워할 것이다.

예수님은 제자들에게 그들이 기도해야 할 내용을 가르치신 후(눅 11:2-4) 곧바로 기도에 임하는 태도까지 자세히 알려 주셨다. 그분은 작은 비유 두 가지를 들어 성부 하나님은 가장 친한 친구보다, 또 인간 세상의 가장 훌륭한 아버지보다 훨씬 더 나으신 분이라고 말씀하셨다. 하나님은 절대 귀찮아하시는 법이 없으시고 그릇된 응답으로 자녀들의 기도를 멸시하지도 않으신다(눅 11:5-12 참조). 하나님은 자녀들에게 은혜와 영광의 나라에 속한 온갖 귀한 은사와 성령을 자녀들에게 베풀어 주신다(눅 11:13 참조).

chapter 9

기도는 공동체 무기다
: 부흥을 일으키는 기도

마이클 헤이킨

하찮은 일들이 많은 오늘날, 더 나은 날을 기대하고 희망하면서 용기를 냅시다. 용기를 내면서, 또한 하나님께 열심히 합심 기도를 드립시다. 하나님의 백성은 하나님을 의지함으로써 일어서야 합니다. 믿음의 삶은 곧 기도의 삶을 의미합니다. 오, 형제들이여. 하나님의 성령이 모든 목회자들과 교회들, 곧 우리와 관계 있는 사람들이나 같은 교단에 속한 사람들만이 아니라 "각처에서 우리의 주 곧 그들과 우리의 주 되신 예수 그리스도의 이름을 부르는 모든 자들" 위에 임하시게 해달라고 힘써 기도합시다.

　기도는 성경적 영성의 중추 역할을 하기 때문에 하나님의 말씀에 충실하려고 노력했던 청교도가 기도에 관한 글을 많이 쓰고, 존 게리의 말대로 "기도에 많은 노력을 기울인" 것은 당연했다.[1)]

　회중교회 신학자 토머스 굿윈은 "우리는 기도로 하나님께 아뢰고, 하나님은 우리의 기도에 응답하신다. 이 관계는 하나님과 동행하는 우리의 삶에서 큰 비중을 차지한다."라고 말했으며,[2)] 존 번연도 런던에서 임종을 앞둔 자리에서 그의 마지막 유언을 듣기 위해 모인 사람들에게 "기도의 영은 금과 은 같은 보물보다 더 보배롭다."라고 말함으로써 기도의 중요성에 관해 언급했다.[3)]

기도의 사람 : 조나단 에드워즈

　미국의 가장 위대한 신학자 조나단 에드워즈는 청교도와 개혁주의 전통을 잇는 데 매우 큰 역할을 감당했다. 그는 평소 기도를 매우 귀하게 생각했다. 그의 책, 『젊은 초신자들을 위한 결단과 조언들』 1723년 7월 23일과 8월 10일자 내용만 보더라도 그가 기도를 신자의 평생의 의무로 생각했음을 알 수 있다.

내가 할 수 있는 한, 가장 솔직한 마음으로 하나님께 내 생각을 아뢰고 내 영혼을 그분께 쏟아놓는 일을 평생 동안 열심히 최선을 다해 감당하기로 결심한다. 시편 119편에 관한 맨튼 박사의 스물일곱 번째 설교에 따라 나의 죄와 유혹, 시련과 슬픔과 두려움, 소망과 바람 등 모든 일과 상황을 고백할 것이다.[4]

여기에 언급된 토머스 맨튼에 관한 내용은 그의 시편 119편에 관한 스물일곱 번째 설교에 나오는 교리적 진술로, 그는 "하나님과 더불어 승리하기를 원하는 사람은 기독교적인 지혜, 곧 자신의 모든 문제를 하나님께 솔직하게 고백하는 법을 터득해야 한다."라고 말했다.[5]

사역 초창기, 에드워즈는 "기도를 들으시는 지극히 높으신 하나님"이라는 설교에서 하나님이 기도를 명하신 이유를 밝혔다. 첫째, 그는 하나님이 우리의 소원이나 바람을 모르시기 때문에 기도를 명한 것이 아니라는 사실을 강조했다. 그는 청중에게 "하나님은 전지하시다."라는 신학의 기본 진리를 상기시키며 "하나님의 지식은 변할 수 없다."

라고 덧붙였다.[6]

또한, 우리가 기도하는 이유는 하나님의 주권적인 뜻을 바꾸기 위해서도 아님을 깨우쳤다. 에드워즈는 성경의 신인동형적 표현을 잘 이해하고 있었다. 그는 "하나님은 때로 신자들의 기도에 영향을 받아 마음을 바꾸시는 것처럼 묘사된다. 그러나 하나님이 우리의 기도에 따라 마음을 바꾸시거나 뜻을 돌이키신다고 생각해서는 안 된다. 하나님께 새로운 성향이나 뜻이 불가능한 것처럼 그분께는 새로운 지식도 있을 수 없다."라고 언급했다.[7]

그렇다면, 우리에게 기도하라는 명령은 왜 주어졌을까? 에드워즈는 오직 하나님만이 하나님의 사역을 행하실 수 있다는 개혁주의 원리에 입각해[8] 이렇게 설명했다. "하나님은 긍휼을 베푸시기 전에 기도를 듣고 싶어 하신다. 그분은 마치 우리의 기도에 설득되시는 것처럼, 기도를 들으시고 긍휼을 베풀어 주시기를 기뻐하신다." 이에, 스티븐 니콜스는 다음과 같이 말했다.

다시 말해, 하나님은 목적이나 결과는 물론, 수단을 정하신다. 기도는 하나님이 자신의 뜻을 이루기 위해 정하신 수단인데, 이런 사실은 우리의 오만한 콧대를 납작하게 만든다. 하나님은 자신의 뜻을 행하시기 위해 신자들의 기도라는 수단을 제정하셨다. 우리는 하나님의 생각을 바꾸기 위해 기도하지 않는다. 우리는 그분의 도구로 사용되기 위해 기도하는 것이다.[9]

진지한 기도는 만물의 목적인 하나님의 영광을 드높이며, 에드워즈가 말한 대로 "기도는 우리가 하나님의 영광을 위해 그분께 의지하고 있다는 것을 의식적으로 인정하는 행위다."

또한, 기도는 기도하는 사람의 생각과 마음을 기도 응답을 받을 수 있는 상태로 바꾸어 놓는 역할을 한다. 기도를 통해 하나님이 사용하실 수 있는 사람으로 변화되는 것이다.

열정적인 기도는 여러 면에서 마음을 준비하는 데 도움을 주며, 우리의 부족함과 우리가 구하는 긍휼의 가치를 의식하게 만들고, 그것을 간절히 구하려는 소원을 일깨워 준다. 그 결과, 우리의 마음은 하나님의 긍휼을 더 소중히 여기고, 긍휼이 주어졌을 때 진정으로 기뻐하며 감사할 수 있는 상태가 되는 것이다. 적절한 고백을 수반하는 기도는 우리가 구하는 긍휼을 받을 자격이 없다는 의식을 일깨운다. 기도는 하나님의 즉각적인 임재를 의식하게 만들어 그분의 위엄을 느끼게 하고, 그로 인해 그분의 긍휼을 받기에 적합한 상태가 되게 한다. 하나님을 향한 기도는 하나님을 온전히 의지해야만 우리가 원하는 긍휼을 얻을 수 있다는 생각과 의식을 일깨우고, 하나님의 충족하심을 믿는 믿음을 촉발시켜 긍휼이 주어졌을 때 그분의 이름을 영화롭게 할 수 있는 준비를 갖추게 한다.[10]

에드워즈는 "하나님의 말씀을 보면 그분은 다른 어떤 기도보다 은밀한 기도를 분명하게 요구하신다."라고 확신하며 우리의 의무를 이렇게 설명했다.

우리는 기도의 의무에 충실해야 한다. 모든 기도와 간구를 드리자. 기도하는 삶을 살고, 늘 지체하지 말고 기도하며, 인내로 기도에 깨어 있자. 낙심하지 말고 간절한 마음으로 쉬지 말고 항상 기도하자.[11]

기도 콘서트

에드워즈는 점차 합심 기도가 하나님 나라의 확장에 반드시 필요하다고 확신하게 되어, 집단으로 이루어진 기도 모임을 "기도 콘서트"로 불렀고, 당대 큰 혁신을 일으켰다. 물론 청교도 가운데도 이런 선례가 없었던 것은 아니었다. 예를 들어, 뉴잉글랜드 청교도 코튼 매더는 어떤 분야에서든 교회가 생명력을 발휘하려면 궁극적으로 성령의 주권적인 능력에 의지해야 한다고 믿으면서, 합심 기도는 당시의 영적 퇴락을 극복할 수 있는 가장 요긴한 실천 방법이라고 주장했다. 그는 『구원의 그물』에서 이렇게 말했다.

영혼들을 위한 기도는 그들을 구원으로 인도하는 데 결정적인 역할을 해, 은혜의 성령께서 일단 영혼에 임하시면, 그 영혼은 즉시 구원받는다.⋯⋯ 성도의 기도, 곧 몇몇 성도의 기도가 하늘을 감동시켜 모든 민족과 나라들을 주님을 섬기는 백성으로 만들어 줄 은혜를 이끌어내는 데 지대한 영향을 미친다는 것을 그 누가 짐작할 수 있겠는가? 기도의 영이 하나님의 백성들 가운데 역사한다면, 온 세상의 민족들이 이교도의 우상 숭배와 마호메트의 헛된 속임수에서 속히 벗어날 수 있을 것이다.[12]

매더는 나중에 쓴 『활력 있고 규칙적인 소규모 모임』(1706)이라는 소책자에서도 소그룹으로 모여 "간절한 기도"를 드림으로써 "은혜의 성령께서 젊은 세대에 강력하게 임하시는 역사"를 일으켜야 한다고 강조했다. 그는 두 달에 한 번씩 저녁 기도 모임을 갖고, "이 땅의 젊은 세대의 회심과 구원을 위해" 특히 기도 모임의 참석자들이 속한 "회중 가운데서 복음의 역사가 일어나도록" 기도에 헌신하는 것이 필요하다고 말했다.[13] 그는 오랫동안 열심히 영적 부흥을 위해 기도했지만 안타깝게도 그 결과를 보지 못했다. 1728년, 그러니까 뉴잉글랜드와 영국에서 영적 부흥이 일어나기 몇 년 전에 세상을 떠난 것이다. 비록 기도 응답을 목도하지는 못했지만 그는 대서양 건너편에 있던 영국인들의 공동체 내에서 하나님의 부흥의 역사를 간절히 열망하며, 그런 소망을 기도로 표현해낸 신자들을 대표하는 사람이었다.

조나단 에드워즈는 1734-1735년에 있었던 노샘프턴 부흥 운동과 1740-1742년에 있었던 영적 대각성 운동을 거치면서, 역사 안에서 이루어지는 하나님 나라의 확장은 기도로 영적 축복을 구했던 시기와 밀접한 관계가 있다는 강한 확신을 느꼈다. 뉴잉글랜드의 다른 목회자들도 영적 부흥을 위한 기도가 그런 역사를 일으키는 데 결정적으로 기여한다고 믿었다. 따라서 에드워즈는 1748년에 한 권의 소책자를 저술해 신자들에게 정기 모임을 갖고 성령의 역사를 구하는 기도를 드리라고 권유했다. 그 책의 제목은 『하나님의 백성이 일치단결해 비상한 기도를 드려야 한다는 것을 촉구하기 위한 겸손한 시도』였다(이후부터는 간단히 겸손한 시도라고 표기하겠다). 이 소책자의 내용은 책의 서두에 나오는 문장 안에 잘 요약되어 있다.

세상 여러 곳에 있는 많은 사람이 일치된 마음으로 한자리에 모여 하나님이 말세에 일어날 것이라고 그토록 자주 약속하신 일, 곧 성령의 큰 역사를 통해 그리스도의 나라와 교회가 확장되는 것을 바라며 비상하고, 절박하고, 간절한 기도를 부단히 드리는 것은 매우 적절한 일이요 하나님을 크게 기쁘시게 하는 일이 아닐 수 없다.[14]

이 소책자는 에드워즈가 살아 있을 당시에도 어느 정도 영향력을 발휘했지만, 그 영향력이 최고조에 달했던 때는 18세기 마지막 몇십 년 동안이었다. 당시 그의 책은 칼빈주의를 따르는 영국의 침례교 신자들 사이에서 상당한 영적 부흥을 일으켰고, 현대 선교 운동이 시작되는 계기로 작용했다.[15]

『겸손한 시도』에 나타난 합심 기도

에드워즈는 1745년에 글래스고 램스혼의 존 맥로린, 캠버스랭의 윌리엄 맥컬록, 킬시스의 제임스 로브, 커킨틸록의 존 어스킨을 비롯해 여러 스코틀랜드 복음주의 성직자들과 정기적으로 연락을 주고받았으며, 이들이 영적 부흥을 위해 기도운동을 펼쳤다는 것을 듣고는 『겸손한 시도』를 저술했다. 이들 목회자들과 이들을 따르는 교인들은 매주 토요일 저녁과 일요일 아침, 그리고 2월, 5월, 8월, 11월 첫 번째 화요일에 "기독교 국가 내 모든 곳에서 참된 신앙의 부흥을 일으키고, 민족들을 크고 다양한 영적 불행과 참상으로부터 건져내 영광스런 하나님 나라의 말로 다할 수 없는 축복을 누리게 하며, 온 세상을 그분의 영광으로 가득 채우는 역사를 일으키기 위해 성령의 풍성하신 임재를" 간구하는 기도 모임을 갖기로 동의했다.[16] 이 "합심 기도"는 처음 2년 동안 계속되었고, 그 후에도 7년이나 더 계속되었다.

에드워즈는 그런 기도 운동에 대해 듣고는 잠시도 지체하지 않고 뉴잉글랜드 식민지에 그와 비슷한 합심 기도 운동을 일으키려고 노력했다. 그는 자신의 교인들에게 기도 운동에 동참하라고 호소했으며, 그런 기도 운동을 반길 것이라고 생각했던 이웃 목회자들에게 서둘러 그 사실을 알렸다. 처음에는 반응이 뜨겁지 않았지만, 에드워즈는 조금도 위축되지 않았다. 그는 1747년 2월에 스가랴서 8장 20-22절을 본문으로 설교를 전하면서 합심 기도를 촉구했다. 그 후, 1년이 채 못 되어 에드워즈는 자신의 설교를 확대해 소책자 『겸손한 시도』를 펴낸 것이다.

『겸손한 시도』는 세 부분으로 나뉜다. 첫 번째 부분은 스가랴서 8장 20-22절에 나오는 사실을 다룬 뒤, 곧바로 스코틀랜드에서 합심 기도 운동이 처음 일어나게 된 배경을 설명하는 내용으로 이어진다.

에드워즈는 스가랴서 본문을 토대로 "도처에 있는 하나님의 백성에게 기도의 영이 풍성하게 임하는 역사가 일어나 모두 한마음 한뜻이 되어 비상한 태도로 하나님을 향해 그 약속하신 대로 교회를 도우시고, 온 인류에게 긍휼을 베푸시며, 성령을 부어주시고, 그 놀라운 사역을 회복하시며, 영적 왕국을 세상에 널리 확장시켜 달라고 부르짖게 될 것이다."라고 말했다.[17] 그러고는 모두가 힘을 합쳐 "비상하고, 신속하고, 간절하고, 끊임없는 기도"로 그리스도의 왕국을 혁신적으로 발전시킬 "성령의 충만한 임재"를 구하는 것은 하나님을 기쁘시게 하는 일이자 미국에 있는 하나님의 백성이 감당해야 할 의무라고 결론지었다.

소책자의 두 번째 부분은 합심 기도에 동참해야 하는 이유를 제시한다. 예수님은 보혈과 눈물을 흘리셨고, 자기 백성에게 성령의 복된 임재가 이루어지도록 간절히 기도하셨다. 에드워즈는 "그리스도께서 구원 사역을 위해 온갖 수고와 고난을 감당하시면서 구하고자 하셨던 축복들을 한 가지로 요약하면 바로 성령이시다."라고 말했다. 그런 다음 이렇게 덧붙였다.

"성령의 내주하심과 역사하심, 그로 인한 열매가 모든 은혜와 거룩함과 위로와 기쁨의 총화요, 그리스도께서 이 세상에서 사람들을 위해 값주고 사신 모든 영적 축복의 정수다. 또한, 성령께서는 그리스도께서 저 세상에서 사람들을 위해 확보하신 모든 완전함과 영광과 영원한 기쁨의 총화이시기도 하다."[18]

에드워즈는 그리스도께서 이것을 그토록 간절히 바라셨고, 이것을 얻기 위해 그분이 "영원 전부터 마음을 기울이셨고, 그토록 많은 수고와 고난을 아끼지 않으셨으며, '심한 통곡과 눈물'(히 5:7)로 간구하시며 그 귀한 보혈을 흘리기까지 하셨다면, 그분의 제자들과 신자들도 열심히 이것을 구하고, 이것을 위해 힘과 열정을 다해 기도해야 마땅할 것이다."라고 옳게 결론지었다.[19]

더욱이 성경에는 성령을 구하는 기도와 관련된 명령과 권고와 일화가 가득하다. 예를 들어, 누가복음 11장 13절은 성령을 구하라고 권고한다.[20] 에드워즈가 설명한 대로, 이 말씀은 하나님께서 성령을 구하는 기도를 특별히 기쁘게 여겨 긍정적으로 응답하신다는 의미를 담고 있다. 또한, 사도행전 1, 2장에서 알 수 있듯, 초기 제자들은 성령께서 놀라운 방식으로 그들에게 임하실 때까지 합심해서 간절한 기도와 간구를 드렸다.[21]

아울러, 에드워즈는 "현재의 영적 불행과 참상"이라는 표현으로 합심 기도의 중요성을 촉구했다. 그런 영적 불행으로 일어난 사건 가운데는 1745-1746년에 프랑스에서 위그노에 대한 박해가 일어나기 두 해 전에 '보니 프린스 찰스'로 알려진 찰스 에드워드 스튜어트 왕자가 영국 왕위에 오르려다가 실패한 비참한 사건, 참된 경건의 쇠퇴, 악덕과 부도덕의 만연, 목회자에 대한 존경심의 저하, 종교적 광신주의의 확대 등이 포함되었다.[22] 그밖에도, 에드워즈는 당시의 지성적, 신학적 풍조가 방향을 잃고 표류하기 때문에 기도해야 한다며, 사람들이 청교도 신학을 저버리고 계몽주의의 합리적 세계관을 바탕으로 한 신학을 수용하는 것이 문제라고 지적했다.

기독교의 진리와 신성함을 입증할 목적으로 학식과 정교한 논리를 갖추어 저술된 책들이 이토록 많았던 적은 없었으며, 마찬가지로 복음의 빛 아래서 성장한 사람들 중 불신자가 이토록 많았던 때도 없었다. 흔히 생각하는 대로, 오늘날은 큰 빛이 임한 시대다. 자유로운 사고를 바탕으로 신앙의 문제와 관련된 진리가 새롭게 발견되면서 우리 조상들의 약점과 편협함이 드러나고, 지난 세대에는 뛰어난 성직자로 여겨졌던 사람들의 견해가 어리석고 불합리하다는 사실이 밝혀졌다. 익히 아는 대로, 그런 개념은 신앙과 미덕의 근간을 훼손했고, 도덕적인 계명의 힘을 약화시켰으며, 미덕과 악덕의 경계선을 없애버렸다. 그로 인해, 악덕과 사악함이 창궐한 홍수처럼 위세를 떨쳤다. 우리 조상들의 천박하고 편협한 원리들이 신앙을 왜곡시킨 탓에 하나님에 대한 부당한 생각들이 만연한 결과가 발생했지만, 오늘날은 그런 오류들이 신임을 잃고 많이 제거되었다. 그 대신, 신앙의 본질에 대해 좀 더 자유롭고 고귀하고 관대한 생각이 환영받기에 이르렀다. 그러나 신앙이 이처럼 멸시받아 짓밟히고, 예수 그리스도와 전능하신 하나님이 이렇게 공공연히 모독과 경멸을 받으신 적은 결코 없었다.[23]

그러나 에드워즈는 자신의 시대가 "큰 배교의 시대"이지만, 재난과 불행 못지않게 "하나님의 놀라운 역사가 일어나는 시대이기" 때문에 신자들은 합심해서 간절히 은혜를 구해야 한다고 역설했다.[24] 특히, 그는 스코틀랜드 목회자 휴 케네디가 중요한 역할을 감당했던 로테르담 부흥 운동[25]을 비롯한 유럽 대륙의 다양한 영적 부흥 운동, 곧 영국의 부흥 운동, 뉴잉글랜드 식민지의 부흥 운동 등을 통해 드러난 "권능과 긍휼의 역사"를 크게 강조했다. 그는 "최근에 일어난 놀라운 신앙의 가성은 하나님의 성령께서 온 세상에 영광스럽게 임하실 것이라는 약속을 열심히 간구하도록 우리를 독려한다."고 말했다.[26]

또한, 에드워즈는 합심 기도의 아름다움과 유익함을 강조하며, 일치는 성경에 나오는 "그리스도의 교회의 독특한 아름다움"을 드러내는 것으로 간주된다고 주장했다. 그는 자신의 주장을 뒷받침하기 위해 아가서 6장 9절, 시편 122편 3절, 에베소서 4장 3-6, 16절을 인용했다.

합심 기도는 교파가 서로 다른 신자들의 관계를 더욱 친밀하게 해준다는 점에서도 큰 유익을 가져다줄 것이 분명했다. 에드워즈는 이렇게 말했다. "합심해서 신앙의 의무, 특히 기도의 의무를 행하며, 서로가 함께 서로를 위해 기도하고, 공공의 행복을 간구하는 것은 상호간의 사랑과 친밀함을 돈독하게 하는 데 그 무엇보다 탁월한 효과를 발휘한다."[27]

『겸손한 시도』의 세 번째 부분은 그 내용이 가장 긴데, 합심 기도를 반대하는 다양한 의견에 대해 대답을 제시하는 내용으로 구성되어 있다. 교회 역사상 합심 기도의 전례가 없었다는 비판이 제기되면서, 그 개념을 의심스럽게 바라보는 시각이 있었다. 그러나 앞서 말한 대로, 코튼 매더의 경우처럼 18세기 초에 합심 기도를 옹호하는 사람들이 있었다. 에드워즈는 매더를 언급하지는 않았지만, 1712년에 한 무리의 비국교도 신자들이 런던에서 『진지한 부름』이라는 소책자를 발행해 매주 한 시간씩 "교회의 구원과 확장"을 위해 하나님께 간구하자고 호소했던 사실을 상기시켰다.[28]

미국과 스코틀랜드의 많은 회중교회가 1750년대에 합심 기도에 참여했으며, 특히 북아메리카의 패권을 둘러싸고 미국과 프랑스가 한바탕 싸움을 벌였던 프렌치-인디언 전쟁(1755-1760) 당시에 미국의 칼빈주의자들 사이에서 합심 기도가 널리 행해졌다. 예를 들어, 로버트 스미스는 1759년에 펜실베이니아에서 동료 장로교 신자들에게 합심 기도는 영국이 거둔 군사적 승리보다 훨씬 더 큰 효력을 발휘해 "투쟁적인 교회의 영광이 최고조에 달하는 시기"를 앞당길 것이라고 역설했다.[29]

『겸손한 시도』는 저자가 사망한 지 25년이 지난 후 가장 큰 결실을 맺었는데, 이 책은 실로, 하나님만이 하나님의 사역을 행하실 수 있다는 개혁주의 신학의 실천을 촉구했다.[30] 그리고 이 진리를 믿는 교회가 취할 태도는 단 하나, 기도뿐이었다.

특별한 기도 요청

1784년 봄, 영국 침례교 목사 존 릴랜드 주니어는 가장 친한 친구 두 사람을 비롯해 동료 목사였던 존 서트클리프와 앤드류 풀러에게 『겸손한 시도』를 소개했다. 존 릴랜드 주니어는 스코틀랜드 장로교 목사였던 존 어스킨을 통해 이 책을 알았는데, 어스킨은 20대 중반 시절에 에드워즈와 연락을 주고받았고, 1758년에 그가 사망한 뒤에도 오랫동안 그의 신학적 관점을 지지했으며, 그의 책들을 널리 알리려고 애썼다.

어스킨은 1780년부터 그가 사망한 1803년까지 릴랜드와 정기적으로 연락을 취하면서 편지는 물론, 그가 알리려고 힘썼던 책과 소책자를 한 꾸러미씩 보내 주었다. 그런 활동은 "18세기 후반에 있었던 스코틀랜드 복음주의의 선교적 관심을 보여 주는 전형적인 사례"에 해당했다.[31] 그리고 어스킨은 1784년 4월에 릴랜드에게 에드워즈의 『겸손한 시도』를 보내 준 것이다.

1784년 봄에 이 책을 읽은 릴랜드, 풀러, 서트클리프는 큰 감동을 받았다. 풀러는 그해 6월에 노샘프턴셔 연합회의 연례 모임에서 말씀을 전하기로 되어 있었다. 그는 모임에 참석하기 위해 노팅햄을 향해 출발했지만 큰 비 탓에 도로 곳곳이 침수된 상태였고 매우 심하게 침수된 곳도 있었다. 그는 그곳을 건너기가 두려웠다. 망설이고 있는데, 그 물의 깊이를 잘 알고 있던 지역 주민 한 사람이 말을 타고 물을 건너도 괜찮다고 말했다. 지역 주민은 "아주 안전하니 길을 계속 가셔도 됩니다."라고 안심시켜 주었다. 물이 풀러의 안장 바로 밑까지 차오르자 계속 가야 할지 또다시 망설이게 되었고 지역 주민은 이런 그에게 "계속 가세요. 안전합니다."라고 말해 주었다. 풀러는 그 사람의 말을 믿고 계속 길을 갔고, 마침내 침수 지역을 안전하게 통과할 수 있었다.

이 경험을 통해 깨달은 바가 있었던 풀러는 연합회 모임에서 "우리가 믿음으로 행하고 보는 것으로 행하지 아니함이로라"는 고린도후서 5장 7절을 본문으로 말씀을 전했다.[32] 풀러는 "믿음으로 행하는 것의 본질과 중요성"이라는 제목으로 설교를 전하는 도중에 에드워즈의 『겸손한 시도』에 영향을 받은 흔적을 여실히 드러냈다. 그는 청중에게 이렇게 호소했다.

하찮은 일들이 많은 오늘날, 더 나은 날을 기대하고 희망하면서 용기를 냅시다. 용기를 내면서, 또한 하나님께 열심히 합심 기도를 드립시다. 하나님의 백성은 하나님을 의지함으로써 일어서야 합니다. 믿음의 삶은 곧 기도의 삶을 의미합니다. 오, 형제들이여. 하나님의 성령이 모든 목회자들과 교회들, 곧 우리와 관계 있는 사람들이나 같은 교단에 속한 사람들만이 아니라 "각처에서 우리의 주 곧 그들과 우리의 주 되신 예수 그리스도의 이름을 부르는 모든 자들"(고전 1:2) 위에 임하시게 해달라고 힘써 기도합시다.[33]

서트클리프는 같은 모임에서 연합회에 소속된 교회들이 합심해 성령의 임재와 그로 인한 영국 교회의 부흥을 위해 월례 기도모임을 갖자고 제안했다. 16개 교회의 대표자들이 그의 제안을 받아들였고, 그해에 연합회 소속 교회들에게 보낸 회람 서한 마지막 페이지에는 "하나님과 씨름하며 성령의 임하심을 구하라"는 글이 게재되었다.[34] 그 글에는 그 달 첫 번째 월요일 저녁에 한 시간 동안 합심 기도를 드리자는 제안과 함께 다음과 같은 내용이 실려 있었는데, 아마도 이 글은 서트클리프가 작성했을 가능성이 높다.

기도의 가장 중요한 목적은 성령께서 목회자들과 교회들 위에 임하심으로 죄인들이 회개하고, 성도들이 굳건해지고, 신앙이 부흥되고, 하나님의 이름이 영화롭게 되는 데 있다. 그와 동시에 우리가 속한 공동체 즉, 교회나 우리와 즉각적인 관계를 맺고 있는 사람들 즉, 자기 교단을 위해서만 기도하는 일이 없기를 바란다. 구세주의 온전한 관심을 소중히 마음에 간직하고, 인간의 거주지 가운데 가장 먼 곳까지 복음이 전파되기를 갈망하며 열정을 다해 기도하라. 우리 교단에 속한 다른 교회들이나 다른 교단 사람들이 우리와 힘을 합친다면 참으로 기쁠 것이다. 우리는 그런 사람들이 우리와 함께 손을 잡고 마음을 합쳐 기도에 동참해 주기를 간절히 염원한다.

그런 연합된 기도의 노력이 어떤 결과를 가져올지 누가 알겠는가? 복음의 성공적인 미래를 보장하는 성경의 많은 은혜로운 약속들을 붙잡고 하나님께 호소하자. 하나님은 "그래도 이스라엘 족속이 이같이 자기들에게 이루어 주기를 내게 구하여야 할지라 내가 그들의 수효를 양 떼 같이 많아지게 하되"(겔 36:37)라고 말씀하셨다. 한 번에 한 시간씩, 일 년에 열두 시간을 시온의 번영을 위해 기도할 수 있을 만큼, 시온을 사랑하는 마음이 우리 모두에게 충분할 것이라고 확신한다.[35]

이 기도 요청에는 최소한 네 가지의 주목할 만한 요점이 담겨 있다. 첫째, 인용된 풀러의 설교와 이 기도 요청에는 인간의 열정만으로는 칼빈주의 침례교회의 쇠퇴를 막고 다시 부흥의 불길을 당기는 것이 불가능하고, 반드시 성령의 역사가 일어나야 한다는 확신이 깃들어 있다. 서트클리프는 나중에 에드워즈의 색채가 짙은 표현을 사용해 이렇게 말했다.

성령의 임하심은……신약 성경의 가장 큰 약속이다.……성령의 역사는 모든 신앙의 핵심이요 생명력이다. 이것이 없으면 거룩한 의식은 모두 텅 빈 물 항아리나 다름없고, 영적 은혜는 시들어가는 꽃에 지나지 않는다. 성령의 역사가 중단되면, 인간의 가장 큰 능력도 무용지물이 되고, 가장 고귀한 노력도 아무런 성과를 거두지 못할 것이다.[36]

둘째, 이 기도 요청은 기도와 관련해 보편주의를 지향하고 있다. 노샘프턴셔 연합회 소속의 칼빈주의 침례교회 신자들은 함께 모여 기도할 때, 단지 자신의 교회와 자신의 교단만을 생각하지 않았다. 그들은 다른 교단의 신자들과도 기꺼이 기도의 힘을 합치기를 원했다. 하나님의 나라는 칼빈주의 침례교라는 한계를 훨씬 뛰어넘는다. 그들은 다른 교단의 교회들에게 영적 부흥을 구하는 기도 운동에 동참할 것을 요청했다.

셋째, 이 기도 요청은 선교를 특별히 강조한다. 이 기도 요청은 연합회 소속 교회들의 신자들에게 "인간의 거주지 가운데 가장 먼 곳까지 복음이 전파되기를 갈망하며 열정을 다해 기도하라."고 독려했다. 이들 침례교 신자들은 하나님이 10년도 못 되어 자신들의 기도에 응답하실 것이라고는 전혀 예상하지 못했다.

마지막으로, 이 기도 요청은 영적 부흥을 구하는 기도의 유일한 토대는 성경이라는 확신을 드러낸다. 실제로 인용된 성경 구절은 에스겔서 36장 37절 한 구절뿐이지만, 이 기도 요청은 하나님 나라의 성공적인 미래를 보장하는 "성경의 많은 은혜로운 약속들"을 언급하고 있다. 언뜻 생각하면, 에스겔서의 말씀은 기도 요청을 뒷받침하는 성경 구절로는 가장 적합하게 느껴지지 않는다. 그러나 에드워즈는 『겸손한 시도』에서 바로 이 구절을 인용했고, 그 말씀과 관련해 이렇게 말했다.

> 성경은 단순히 일반적인 차원에서 다른 무엇보다 성령을 구하는 기도를 드리라고 명령하거나 권고하지 않는다. 하나님의 교회가 말세에 있을 성령의 영광스런 임재와 그로 인해 이루어질 일을 힘써 구하는 것은 성경에 명백히 계시된 하나님의 뜻이다. 하나님은 "내가 너희를 모든 죄악에서 정결하게 하는 날에……이 땅이 황폐하더니 이제는 에덴동산 같이 되었고……예루살렘이 정한 절기의 양 무리 같이 황폐한 성읍을 사람의 떼로 채우리라"(겔 36:33-38절)는 말씀으로 그 복된 사건을 언급하시면서 "그래도 이스라엘 족속이 이같이 자기들에게 이루어주기를 내게 구하여야 할지라"(37절)고 말씀하셨다(하나님은 여기에서부터 다음 장은 물론, 에스겔서의 나머지 모든 장이 예언하고 있는 교회의 영광스런 회복과 발전을 염두에 두셨던 것이 분명하다). 이런 말씀들은 그런 축복이 임하기 전에 먼저 하나님의 백성이 비상한 기도를 통해 그 같은 축복을 간절히 구하는 것이 그분의 뜻이라는 사실을 분명히 한다.[37]

이처럼, 에드워즈는 에스겔서 36장 37절을 에스겔서 37-48장의 문맥에 비춰 해석했다. 그의 견해에 따르면, 에스겔서 37-48장은 교회가 누리게 될 말세의 영광, 곧 "말과 행위로 하나님을 영화롭게 하고, 넘치는 사랑이 뚜렷한 특징으로 나타나게 될"[38] 천년 시대를 예언하고 있기 때문에 에스겔서 36장 37절은 하나님의 백성이 합심 기도를 통해 교회의 역사 안에서 이루어질 이 영광스런 시대를 간구해야 한다는 뜻으로 이해해야 한다. 에드워즈는 자신의 교인들에게 "(성경에서) 읽는 것을 주의 깊게 생각하고, 상황이 어떻게 전개되고 있는지 주목하라. 문맥의 흐름을 놓치지 말라"고 권고했다.[39] 그는 『겸손한 시도』에서 자신이 설교한 것을 직접 실천에 옮겼다.

에스겔서의 이 특별한 대목에 대한 에드워즈의 해석은 논쟁의 여지가 있지만, 그가 에스겔서 36장 37절에서 끄집어낸 원리는 그렇지 않다. 그리스도의 왕국이 크게 확장되고 영적 부흥이 일어날 때면 신자들의 끊임없는 합심 기도가 항상 먼저 있었다. 이것이 1784년의 기도 요청을 제기한 사람들이 강조하고자 했던 원리다.

기도 모임의 열매

기도 요청을 제기한 연합회 모임은 6월 2일과 3일에 열렸다. 그 달 말, 즉 6월 29일에 서트클리프가 담임하던 올니의 교회는 "신앙의 부흥을 구하기 위한 월례 기도회"를 운영하기로 결정했다.[40] 그후 몇 년이 지났지만 기도로 영적 부흥을 구하고, 그런 기도를 독려하려고 애썼던 서트클리프의 열정은 조금도 식을 줄 몰랐다. 릴랜드의 1788년 1월 21일자 일기에는 이런 글이 적혀 있다.

> 오늘은 풀러, 서트클리프, (윌리엄) 캐리 형제와 내가 내 서재에서 함께 금식 기도를 하며 지냈다. 디모데서와 디도서를 비롯해 (아브라함) 부스가 (토머스) 홉킨스에게 당부한 말, 존 길리스가 쓴 (리처드) 블랙커비의 생애, 더뎀의 (존) 로저스가 쓴 경건한 삶을 위한 60가지 기념비를 읽고, 각자 두 차례씩 기도했다. 캐리가 특히 강렬하고 열정적인 기도를 드렸다. 우리의 주된 목적은 우리의 영혼과 우리의 교회를 비롯해 모든 교회 안에 경건한 믿음의 부흥을 구하는 데 있었다.[41]

1789년, 영적 부흥을 구하는 기도 모임이 상당히 활성화되자, 서트클리프는 기도 모임을 독려할 생각으로 에드워즈의 『겸손한 시도』를 새로 편집해 출간하기로 결심했다. 그 책의 전체 분량은 168쪽이었고, 크기는 길이 6.25인치, 넓이 3.75인치로, 간편히 다룰 수 있는 포켓크기로 편집되었다.

서트클리프는 그 책의 서문에서 5년 전에 노샘프턴셔 연합회에서 제기한 기도 요청이 단지 칼빈주의 침례교 신자들을 위한 것이 아니라 진리와 경건을 추구하는 참된 신자들 모두를 위한 것임을 또다시 강조했다.

에드워즈의 책이 다시 출판되고 나서 곧이어 1792년에 "이교도들 사이에 복음을 전하기 위한 침례교 협회"가 결성되었다. 이 협회는 나중에 "침례교 선교 협회"로 알려지게 되었다. 1784년의 기도 요청이 권고한 활동 가운데는 "인간의 거주지 가운데 가장 먼 곳까지 복음이 전파되기를 갈망하며 열정을 다해 기도하라."는 내용이 포함되어 있었다.

하나님은 이 기도에 두 가지로 응답하셨다. 첫째는 그리스도의 이름을 모르는 사람들에게 복음을 전하기를 원하는 사람, 즉 윌리엄 캐리를 세우신 것이었고, 둘째는 그가 해외에 나가 일할 동안 다른 신자들에게 그를 지원할 수 있는 힘과 용기를 허락하신 것이었다.[42]

그 후 40년 동안, 수많은 사람이 윌리엄 캐리를 본받아 선교 사역에 헌신하겠다고 나섰다. 이들 선교사 후보생 가운데 상당수가 서트클리프에게 보내졌고, 그는 1790년대 말에 목시관에서 문을 연 신학교에서 그들을 교육했다.

침례교 선교 협회가 결성된 지 2년 후인 1794년, 런던의 사우스워크에 위치한 카터 레인 침례교회의 담임목사 존 리펀은 『**침례교 연례 등록부**』를 발간해 칼빈주의를 따르는 침례교회와 목회자들의 명단을 정리했다.

리펀은 당시에 잉글랜드에 356개 교회, 웨일스에 56개 교회 등이 있어, 1750년에 비해 거의 두 배 이상이나 그 숫자가 증가했다고 평가했다.⁴³⁾ 그는 4년 뒤에 다시 교회 명부를 발간했는데 그때의 교회 숫자는 잉글랜드에 361개, 웨일스에 84개였다.⁴⁴⁾ 리펀은 그 수치를 토대로 "지난 5년 동안 늘어난 우리 교단 교회의 숫자가 지난 30년 동안 늘어난 숫자보다 더 많다."라고 말했다.⁴⁵⁾

리펀의 말은 과장이 아니었다. 18세기의 마지막 40년 동안, 칼빈주의 침례교는 꾸준한 성장세를 유지했고, 특별히 마지막 10년 동안에는 회심자들이 급격히 늘어났다.⁴⁶⁾ 많은 교회가 1784년의 기도 요청에 반응해 합심 기도를 드렸고, 그 뒤에 활발한 교회 성장이 일어나기 시작한 것은 결코 우연이 아니었다.

콕스는 침례교 선교협회의 설립 15주년을 맞이해 협회의 기원을 돌아보며 이렇게 말했다.

캐리가 선교의 열정을 품을 수 있었고, 또 그의 열정이 노샘프턴셔 목회자들 사이에 널리 확산되게 된 주된 원인은……1784년에 노팅햄에서 열린 연합회의 모임에 있었다. 당시 연합회는 "신앙의 부흥과 그리스도의 왕국이 온 세상에 확장되기를 바라는 비상한 기도를 드리기 위해" 매달 첫째 주 월요일 저녁에 한 시간씩 기도 시간을 갖기로 결정했다. 이 제안을 한 사람은 덕망 높은 서트클리프였다. 그 단순하고 적절한 제안은 그때 이후로 널리 받아들여졌고, 높은 곳에서부터 축복의 소낙비가 풍성하게 교회들 위에 쏟아졌다.⁴⁷⁾

1840년대 초에 지난 역사를 한눈에 꿰뚫어 볼 수 있었던 콕스는 1784년 기도 요청을 통해 노샘프턴셔 연합회 소속 칼빈주의 침례교회가 세계 모든 민족을 위해 기도를 드렸고, 그 결과 침례교 선교협회의 설립과 캐리의 인도 파송을 위한 디딤돌이 마련되었다고 평가했다. 또한, 그는 칼빈주의 침례교회라는 울타리 밖에 있던 교회들이 연합 기도를 "널리 받아들였던" 덕분에 영적 부흥이라는 풍요로운 시대가 열려 하나님이 교회 위에 "축복의 소낙비를 풍성하게 쏟아부어" 주시는 역사가 일어났다고 지적했다.

나중에 역사가들은 이 축복의 시기를 "제2차 복음주의 대각성운동(1790-1830)"으로 일컬었다. 그들 가운데 에드윈 오어와 폴 쿡과 같은 사람들은 콕스와 견해를 같이해 칼빈주의 침례교회가 1784년에 연합 기도를 채택했던 것이 이 시기의 부흥 운동과 영적 각성운동의 기원이라고 옳게 말했다.[48]

콕스는 "덕망 높은 서트클리프"라는 말로 사람들에게 그 침례교 목사가 이상적인 목회자였다는 인상을 심어 주었다. 그러나 하나님이 교회를 영적으로 크게 축복하시는 수단으로 활용하셨던 기도 운동을 선봉에서 이끌었던 사람이 정작 그 스스로는 기도에 많은 열정을 쏟아붓지 못했다는 사실을 알면, 그런 환상을 갖지 못할 것이다. 서트클리프는 1814년에 임종을 앞두고 풀러에게 "더 많이 기도했더라면 좋았을 텐데 아쉽네."라고 말했다. 풀러는 친구가 죽어가면서 들려준 말을 한

동안 곰곰이 생각했다. 마침내 그는 서트클리프의 말이 "더 자주, 더 신령한 기도를 드리지 못해 아쉽네."라는 뜻이 아니라는 확신에 도달했다.[49] 그는 서트클리프의 말을 자신의 삶에 적용시켜 그런 확신의 의미를 좀 더 자세히 설명했다.

성령의 능력을 더 많이 구했으면 좋았을 텐데. 그랬더라면 생명력 넘치는 경건의 능력을 더 많이 경험했을 텐데. 말씀을 연구하고 전하는 일을 할 때 성령의 도우심을 더 많이 구했더라면 좋았을 텐데. 그랬더라면 나의 사역에 하나님의 축복이 임하는 것을 더 많이 볼 수 있었을 텐데. 인도에 있는 우리 친구들의 수고에 성령의 능력이 함께하기를 더 많이 기도했더라면 좋았을 텐데. 그랬더라면 그들의 노력이 이교도의 회심에 큰 영향을 미치는 것을 더 많이 볼 수 있었을 텐데.[50]

chapter 10

기도는 기다림이다
: 간절한 마음으로 드리는 기도

필 존스

"의인의 간구는 역사하는 힘이 크다"라는 야고보의 말은 기도가 신앙생활에서 가장 활발하고 활기찬 역할을 해야 한다는 뜻이다. 기도 응답이 주어지지 않는 이유는 하나님에게 잘못이 있기 때문이 아니다. 문제는 우리의 기도생활에 있다. 야고보는 "너희가 얻지 못함은 구하지 아니하기 때문이요 구하여도 받지 못함은 정욕으로 쓰려고 잘못 구하기 때문이라"고 말했다. 하나님의 뜻에 따라 열심히 간절하게 기도하는 법을 배우라. 성경은 기도가 놀라운 역사를 일으킨다고 약속한다.

  기도를 주제로 다루는 거의 모든 성경 말씀에서 배울 수 있는 분명한 교훈 하나는 하나님이 의인의 간절한 기도에 응답하신다는 것이다. 믿음으로 구하면, 하나님은 응답하신다. 예수님은 친히 "너희가 기도할 때에 무엇이든지 믿고 구하는 것은 다 받으리라"(마 21:22)고 약속하셨다. 요한 사도 또한 "그를 향하여 우리가 가진 바 담대함이 이것이니 그의 뜻대로 무엇을 구하면 들으심이라 우리가 무엇이든지 구하는 바를 들으시는 줄을 안즉 우리가 그에게 구한 그것을 얻은 줄을 또한 아느니라"(요일 5:14-15)고 말했다.

  물론, 이런 약속들이 기도로 하나님을 마음대로 조종할 수 있다는 뜻은 아니다. 기도 응답의 약속 또한 하나님의 주권 아래 속해있다. 방금 인용한 요한일서 본문은 "그의 뜻대로 무엇을 구하면"이라는 응답의 조건을 분명히 밝혔다.

참 믿음은 하나님의 약속과 능력을 믿는 것이지, 자기의 의지를 표현하는 것이 아니다. 참 믿음은 긍정적인 마음으로 원하는 것을 열심히 생각하기만 하면 하나님이 소원을 들어주실 것이라는 사고방식과도 전혀 관계가 없다.

"무엇이든지 기도하고 구하는 것은 받은 줄로 믿으라 그리하면 너희에게 그대로 되리라"(막 11:24)는 말씀을 인용하며 맹목적인 태도를 믿음으로 가르치는 설교자들이 있지만, 그런 가르침은 예수님이 믿음의 기도를 가르치실 때 의도하셨던 것과는 아무 상관없다.

참 믿음은 하나님의 약속을 믿을 뿐 아니라 그분의 뜻을 올바로 이해하는 것을 의미한다. 하나님이 그분의 성품에 일치하지 않는 기도에 응답하신다고 생각하거나, 하나님이 그분의 약속과 모순되는 일을 행하실 것이라고 상상하거나, 하나님이 말씀에 어긋나는 것을 허락하실 것이라고 믿거나, 하나님이 그분의 뜻과 상충되는 기도에 응답하실 것이라고 생각한다면, 구하는 것이 이루어질 것이라고 아무리 열심히 믿어도 그것은 믿음이 아니라 뻔뻔함의 극치를 드러내는 것에 불과하다.

그러한 기도는 이기적인 기도다. "구하여도 받지 못함은 정욕으로 쓰려고 잘못 구하기 때문이라"(약 4:3)는 말씀은 이러한 기도는 응답받을 수 없다고 분명하게 못 박는다.

따라서 의심하지 말고 믿음으로 기도하라는 예수님의 말씀은 "긍정적인 사고"의 힘을 말하는 것이 아니다. 성경은 무엇이든 원하는 것은 다 얻을 수 있다는 맹목적인 자신감을 부추기지 않는다. 오히려 성경의 약속은 하나님의 뜻을 이해하라고 독려한다. 성경은 이기적인 동기에서 기도하지 말고, 하나님의 의로우신 성품에 철저히 복종하며, 약속을 굳게 믿는 믿음으로 기도해야 한다고 가르친다. 기도할 때는 주제넘은 태도가 아니라 믿음으로 기도해야 한다.

그렇다고 야고보서 5장 16절 말씀을 부정적인 관점으로만 바라봐서는 안 된다. 이 말씀에는 긍정적이고 고무적인 원리, 즉 의인이 간절함으로 열심히 기도하면, 큰 역사를 일으킬 수 있다는 가르침이 담겨 있다. 이는 우리가 믿음으로 간절히 기도해야 할 가장 큰 이유로, 참으로 큰 축복이 아닐 수 없다. 또한, 이 약속의 말씀에는 믿음으로 드리는 기도는 시간을 낭비하는 활동이 아니라는 의미가 담겨 있다.

야고보는 엘리야를 기도의 산 증거로 제시했다. 엘리야의 생애와 사역을 살펴보면, 그가 위기 앞에 놓였을 때마다 기도했음을 알 수 있다. 그리고 그의 기도에 하나님은 항상 응답하셨다.

야고보는 우리도 믿음으로 간절하게 기도하면, 곧 이기적인 동기가 아니라 하나님의 뜻에 따라 인내하며 기도하면 똑같은 축복을 경험할 수 있다고 말한다.

야고보는 "엘리야는 우리와 성정이 같은 사람이로되"라고 언급하며 엘리야가 초자연적 존재가 아니었음을, 그는 믿음의 영웅이었을 뿐 초인이 아니었음을, 그 또한 우리와 똑같이 좌절감과 두려움과 욕구의 지배를 받은 타락한 인간이었음을 상기시켜 준다. 성경은 그의 승리만이 아니라 실패까지도 숨김없이 기록하고 있지 않은가.

그러나 엘리야는 그의 죄에도 불구하고 믿음으로 의롭다 하심을 받은 덕분에 의인이 되었다. 그는 하나님을 믿었고, 그 덕분에 의를 덧입게 된 것이다. 이것이 야고보가 16절에서 말한 "의인"의 의미로, 그는 그리스도의 완전한 의를 덧입은 신자를 언급하고 있다.

17절은 "엘리야는 우리와 성정이 같은 사람이로되 그가 비가 오지 않기를 간절히 기도한즉 삼 년 육 개월 동안 땅에 비가 오지 아니하고"라고 말하지만, 구약 성경에는 그 기도의 내용이 기록되어 있지 않다.

엘리야는 열왕기상 17장 1절에 처음 등장한다. 성령의 영감으로 말씀을 기록한 야고보는 기근이 엘리야의 간절한 기도에 대한 응답이었다고 진술한다. 3년 6개월 동안 비가 오지 않자, 이스라엘 백성은 극심한 고통에 시달려야 했다. 따라서 엘리야는 "이스라엘을 괴롭게 하는 자"로 알려졌다. 그러다가 마침내 기근이 끝났다. 야고보서 5장 18절은 "다시 기도하니 하늘이 비를 주고 땅이 열매를 맺었느니라"고 말한다.

나는 엘리야의 두 번째 기도에 큰 관심을 갖고 있는데 야고보는 그 기도의 내용을 자세히 기록하지는 않았다. 기근을 끝낸 엘리야의 기도는 구약 성경 열왕기상 18장에 나타난다. 그곳을 읽어 보면, 기근이 어떻게 끝났는지 자세히 알 수 있다. 엘리야는 담대하게 믿음으로 인내하며 기도했다. 따라서 그의 기도를 주의 깊게 살펴보는 것은 큰 도움을 준다.

엘리야의 두 번째 기도는 갈멜 산에서 바알 선지자들을 상대로 승리를 거둔 직후에 이루어졌다. 그는 하늘에서 불을 내려 바알 선지자들을 공공연히 조롱한 뒤에 우상숭배로 이스라엘을 더럽힌 죄를 물어 그들을 모두 죽이라고 명령했다. 엘리야는 많은 사람이 보는 앞에서 영광스런 승리를 거두었는데, 그의 승리는 구약 성경에 기록된 가장 기억할 만한 승리 가운데 하나였다.

그러나 엘리야가 바란 것은 대중의 찬사가 아니었다. 그의 사명은 자신을 높이는 것이 아니라 여호와 하나님을 증언하는 것이었다. 엘리야가 갈멜 산에서 행해야 했던 사역은 아직 온전히 이루어지지 않은 상황이었다. 그는 하늘에서 불을 내리기 위해 갈멜 산에 간 것이 아니었다. 비를 오게 하는 것이 더 중요했다. 그는 바알 선지자들을 상대로 큰 승리를 거두었지만, 사람들 앞에서 여호와 하나님을 온전히 증언하는 사역을 아직 다 이루지 못했다. 하나님이 하늘을 다시 열어 비를 내리시기 전까지는 그의 사역은 아직 미완성이었다.

엘리야가 불을 내리게 한 것과 비를 내리게 한 것을 대조해 보면 흥미로운 점을 발견할 수 있다. 그가 불을 내리게 할 때는 모든 사람이 보는 앞에서 모두가 들을 수 있는 간단한 말로 하늘의 불을 요구했다. 또한 불을 구했던 그의 기도는 단 두 구절뿐이었다.

"아브라함과 이삭과 이스라엘의 하나님 여호와여 주께서 이스라엘 중에서 하나님이신 것과 내가 주의 종인 것과 내가 주의 말씀대로 이 모든 일을 행하는 것을 오늘 알게 하옵소서 여호와여 내게 응답하옵소서 내게 응답하옵소서 이 백성에게 주 여호와는 하나님이신 것과 주는 그들의 마음을 되돌이키심을 알게 하옵소서"(왕상 18:36-37).

이 기도에 특별히 인상적인 내용은 없었다. 사실, 엘리야는 불이라는 말조차 언급하지 않았다. 그는 단지 이스라엘의 회개를 촉구하는 내용에 초점을 맞추어 기도했다. 단순하면서도 침착한 엘리야의 기도는 바알 선지자들의 기도와는 큰 대조를 이루었다. 그들은 자신들의 우상이 응답하지 않자 크게 소리를 질러댔고, 심지어는 자해하면서 몸부림쳤다(26-29절).

하나님은 지체하지 않으시고 엘리야의 기도에 즉시 불로 응답하셨다. 그분은 참으로 극적인 방법으로 하늘에서 뜨거운 불을 내려 번제물과 나무는 물론, 엘리야가 몇 통씩 갖다 붓게 한 물까지 모두 말려 버리셨다. 의인 한 사람의 간절한 기도로 인해 하나님의 능력이 놀랍게 펼쳐진 것이다.

엘리야가 비를 구했을 때도 이와 비슷한 태도를 취했을 것이라고 상상하기 쉽지만 이번에는 그렇지 않았다. 바알 선지자들이 모두 살육되는 것을 지켜본 뒤 그는 하인 한 사람만 데리고 홀로 갈멜 산에 올라가 거듭 비를 구하는 기도를 드렸다. 그는 군중을 떠나 홀로 기도를 드렸고, 즉각적이거나 극적인 기도 응답도 주어지지 않았다. 사실, 기도 응답이 주어졌을 때도, 그 방식은 아주 미미했다. 멀리 수평선 위로 손바닥 크기의 구름이 나타났을 뿐이다. 아마도 우리가 그런 광경을 보았다면 크게 실망했을 것이다.

그러나 기록된 내용을 끝까지 읽어 보면, 결국에는 불이 내릴 때만큼이나 극적인 방식으로 비가 내렸음을 알 수 있다. 이는 하나님이 심판을 베푸실 때와 마찬가지로 축복을 베푸실 때도 똑같이 큰 능력을 나타내신다는 것을 보여 준다. 이 모든 사건은 인내하며 믿음으로 끝까지 약속을 붙잡는 사람들을 위해 하나님이 축복을 예비하고 계신다는 사실을 상기시켜 준다.

의인의 간절하고 열정적인 기도는 때로는 너무 힘들고 실망스런 일처럼 느껴질 수 있다. 그러나 이 모든 사건은 올바른 기도를 드리는 방법에 관해 중요한 교훈을 제시한다. 이 사건을 기록한 내용 가운데 교훈과 관련해 가장 적절한 대목은 열왕기상 18장 41-46절이다(이 대목은 엘리야가 바알 선지자들을 모두 죽이라고 명령한 직후의 일을 기록하고 있다).

"엘리야가 아합에게 이르되 올라가서 먹고 마시소서 큰 비 소리가 있나이다 아합이 먹고 마시러 올라가니라 엘리야가 갈멜 산 꼭대기로 올라가서 땅에 꿇어 엎드려 그의 얼굴을 무릎 사이에 넣고 그의 사환에게 이르되 올라가 바다 쪽을 바라보라 그가 올라가 바라보고 말하되 아무것도 없나이다 이르되 일곱 번까지 다시 가라 일곱 번째에 이르러서는 그가 말하되 바다에서 사람의 손 만한 작은 구름이 일어나나이다 이르되 올라가 아합에게 말하기를 비에 막히지 아니하도록 마차를 갖추고 내려가소서 하라 하니라 조금 후에 구름과 바람이 일어나서 하늘이 캄캄해지며 큰 비가 내리는지라 아합이 마차를 타고 이스르엘로 가니 여호와의 능력이 엘리야에게 임하매 그가 허리를 동이고 이스르엘로 들어가는 곳까지 아합 앞에서 달려갔더라"

우리는 엘리야의 기도를 통해 세 가지 특징을 배울 수 있다. 이 특징들을 잘 살펴보면 어떻게 기도해야 할지 알게 된다. 이는 예수님이 제자들에게 기도를 가르치실 때도 강조하셨던 점이기도 하다. 이 특징들이 의로운 기도의 진지함과 단순함을 어떻게 강조하는지 깊이 생각해 보기 바란다.

엘리야는 홀로 기도했다

성경에서 엘리야의 생애를 기록하고 있는 부분을 살펴보면, 그가 갈멜 산 사건이 있기 전에 이미 기도를 통해 여러 가지 놀라운 기도 응답을 경험했던 것을 알 수 있다.

열왕기상 17장에는 그가 사렙다 과부의 죽은 아들을 살려 달라고 기도하자 하나님이 그 기도에 응답하신 것이 기록되어 있다. 엘리야는

18장에서도 하늘에서 불을 내려달라는 기도를 드렸다. 그가 기도하자 모든 사람이 지켜보는 가운데 하늘에서 불이 내려와 번제물을 불사르는 역사가 일어났다. 또한, 야고보의 말에 따르면, 엘리야가 그보다 앞서 기근을 구했다는 사실을 알 수 있다. 이처럼, 하나님은 엘리야의 기도를 들으시고 이미 세 차례나 놀라운 기적을 베푸셨다.

이 가운데 많은 사람이 지켜보는 앞에서 드렸던 기도는 하늘의 불을 구했던 기도뿐이었고 나머지 기도는 모두 사적인 기도였다. 엘리야는 갈멜 산에서 승리의 절정을 맛보았는데도 불구하고 조용히 물러가 홀로 하나님께 기도했다(보통 사람 같았으면, 군중이 놀라는 모습을 보며 자신의 승리에 도취했을 것이다).

더욱이, 그는 아합에게 "올라가서 먹고 마시소서 큰 비 소리가 있나이다"(41절)라고 말했다. 여기에서 엘리야와 아합의 대조적인 성품이 여실이 드러난다. 엘리야는 갈멜 산에 홀로 기도하러 올라갔고, 아합은 많은 측근을 거느리고 잔치를 즐겼다. 아마도 그는 자신의 철천지원수였던 엘리야가 무너지는 것을 축하하게 되리라고 믿었을 것이 틀림없다.

아합이 많은 무리를 거느렸다는 사실은 그의 거대한 자기 확대 의식을 반영한다. 그는 처음에 이세벨의 선지자 450명을 비롯해 궁중의 신하들과 하인들과 운반할 수 있는 도구와 천막을 가지고 갈멜 산에 도착했다. 열왕기상 19장 1절에서 알 수 있듯, 그는 나중에 이스르엘에 돌아가서 이세벨에게 모든 일을 보고했다.

아합은 아내 이세벨만큼 광적인 바알 숭배자는 아니었던 것으로 보인다. 그는 종교에는 크게 관심이 없는 듯했다. 물론, 이세벨의 악한 종교 행위를 묵과하고 또 어느 정도 거기에 동참했으나, 그의 통치 기간 동안 바알 숭배를 이스라엘의 종교로 만들려고 애썼던 인물은 그가 아닌 이세벨이었다. 그녀는 이스라엘 안에 우상 숭배를 퍼뜨렸던 사악한 세력의 중심으로, 열왕기상 21장 25절은 "예로부터 아합과 같이 그 자신을 팔아 여호와 앞에서 악을 행한 자가 없음은 그를 그의 아내 이세벨이 충동하였음이라"고 말한다.

열왕기상 19장 2절에 따르면, 이세벨은 바알 선지자를 모두 죽였다는 말을 듣고는 크게 분노를 표출했다. 아합은 사건 현장인 갈멜 산에 있었지만 그 일을 멈추게 할 수가 없었다. 사실, 그는 엘리야를 두려워했다.

아합에 관한 성경의 기록을 종합해 보면, 그가 신념이나 주관이 뚜렷하지 않은 연약한 성품의 소유자였음을 알 수 있다. 그는 군중이 태도를 돌변해 땅에 엎드려 "여호와 그는 하나님이시로다 여호와 그는 하나님이시로다"(39절)라고 외치자 크게 두려워했을 것이 틀림없다. 그는 군중이 바알 선지자들을 살육할 때 그들을 만류할 용기가 없었다.

아합이 갈멜 산에서 침묵을 지켰던 이유는 겁이 많고 소심한 성격 때문이었다. 그러나 그는 바알 선지자들이 죽은 것을 이세벨처럼 큰 손실로 생각하지 않았으며, 이세벨이 분노하는 식으로 분노하지 않았다. 그들은 아합의 바알 선지자들이 아니었다. 바알 숭배는 그의 종교가 아니었다. 그 모든 것은 이세벨의 광적인 집착에서 나온 것이었다.

아무튼, 모든 상황이 끝나자 아합은 잔치를 즐기고 싶은 마음뿐이었다. 엘리야는 그 점을 의식했다. 아마도 "올라가서 먹고 마시소서"라는 엘리야의 말에는 분노와 멸시의 감정이 담겨 있었을 것이다. 또한, 그의 말에는 거부할 수 없는 권위가 실려 있었을 것이다. 그는 아합을 자기 앞에서 물러나게 했다. 그는 하나님과 홀로 있기를 원했고, 그런 상황에서 아합은 성가신 군더더기에 지나지 않았다. 엘리야는 그를 눈앞에서 사라지게 하고 싶었다.

아마도 아합은 목숨을 부지한 채 물러나게 되어 다행이라고 생각했을 것이다. 더욱이 그는 엘리야로부터 3년 6개월 동안의 기근이 곧 끝나고, 비가 풍성하게 내릴 것이라는 약속의 말을 전해 들었다. 사실, 그는 잔치를 즐길 처지가 못 되었다. 왜냐하면 왕궁에 돌아가 단 한 사람 때문에 모든 바알 선지자가 살육되었다는 소식을 아내에게 전해야 했기 때문이다. 그러나 아합은 잔치를 즐길 기회를 놓치려고 하지 않았다. 그는 자신의 천막이 세워져 있는 곳에 가서 준비된 잔치를 즐기려고 했다. 42절을 읽어 보자. "아합이 먹고 마시러 올라가니라 엘리야가 갈멜 산 꼭대기로 올라가서 땅에 꿇어 엎드려 그의 얼굴을 무릎 사이에 넣고" 엘리야는 갈멜 산 꼭대기에 올라가서 홀로 하나님과 마주하고 비를 구하는 기도를 드리기 시작했다. 아마도 그는 하나님과 자기만 알아들을 수 있게 소리를 죽여 조용히 기도했을 것이다. 엘리야의 태도나 성경이 기도 내용을 자세히 기록하지 않고 있는 점으로 보아, 그가 하나님과 조용히 친밀한 교통을 나누었음을 알 수 있다.

엘리야는 이미 공개적인 승리를 거두었다. 모든 이스라엘 백성 앞에서 하나님의 영광이 밝히 드러났고, 바알 선지자들은 목숨으로 거짓 예언에 대한 대가를 톡톡히 치렀다. 그들은 모세 율법에 명시된 형벌을 그대로 받았다. 엘리야는 군중의 축하와 칭찬을 받으며 우쭐할 수도 있었다. 어쩌면 전에 누리지 못했던 인기를 만끽하고 싶은 유혹을 느꼈을 수도 있었다. 그가 오늘날의 일부 종교 지도자들과 같았다면, 승리의 기회를 이용해 대중 앞에 자신의 위상을 널리 알리고, 많은 추종자들의 인기를 토대로 정치권력을 탐하거나 자신을 공공연히 알려 전에 한번도 누리지 못했던 삶을 살려고 했을 것이다. 또한, 사람들의 눈을 피해 숨어 지내면서 3년 6개월 동안 물질 축복을 누리지 못한 채 고생하던 일을 되풀이하지 않을 기회로 이 사건을 활용했을 것이다.

엘리야는 그 모든 유혹을 물리치고 오히려 그것을 하나님과 홀로 조용히 기도할 수 있는 기회로 삼았다.

엘리야의 이런 태도는 예수님이 산상 설교에서 베푸신 가르침과 완벽하게 조화를 이룬다. 그분은 "너희는 기도할 때에 외식하는 자와 같이 하지 말라 그들은 사람에게 보이려고 회당과 큰 거리 어귀에 서서 기도하기를 좋아하느니라 내가 진실로 너희에게 이르노니 그들은 자기 상을 이미 받았느니라 너는 기도할 때에 골방에 들어가 문을 닫고 은밀한 중에 계신 네 아버지께 기도하라 은밀한 중에 보시는 네 아버지께서 갚으시리라"(마 6:5-6)고 가르치셨다.

하나님과 의미 있는 교통을 나누려면, 이 소란하고 불경스런 세상에서 물러나 홀로 은밀하게 하나님께 기도해야 한다. 엘리야는 가장 큰 승리를 거둔 상황에서도 이 점을 잊지 않았다.

엘리야는 간절히 기도했다

엘리야 기도의 두 번째 특징은 그가 하나님 앞에서 지극히 겸손한 자세를 취했다는 점이다. 그는 단지 무릎만 꿇지 않고 얼굴을 무릎 사이에 파묻었다.

엘리야는 이스라엘 백성을 대할 때는 물론, 심지어는 아합 앞에서도 항상 똑바로 선 자세로 결연하고 당당한 태도를 취했다. 그는 겁쟁이가 아니었으며 아무에게나 굽실거리는 소인배와는 거리가 멀었다.

그러나 하나님 앞에 나아가서는 몸을 최대한 낮춘 자세로 머리를 조아렸다. 과부의 죽은 아들을 위해 기도할 때는 죽은 아이 위에 몸을 펴서 엎드리는 자세까지 취했다(왕상 17:21).

엘리야의 자세는 하나님을 향한 깊은 공경심을 드러낸다. 이것은 요즘 같은 불경스럽고 속된 세대에서는 흔히 볼 수 없는 태도다. 오늘날의 기독교인들은 아무 경외심도 없이 하나님을 너무나 친숙하게 대하는 경향이 있다. 우리에게 "공경심"이라는 말이 구태의연하게 느껴지는 것은 참으로 안타까운 일이다. 요즘의 기독교인들은 홀로 은밀히 하나님께 기도할 때보다 대형 경기장에 운집해 열광할 때 더 큰 영적 활력과 힘을 느낄 수 있다고 생각한다. 이 사실 하나만으로도 현대 교회의 영적 상태를 익히 짐작할 수 있다.

한편, 엘리야의 자세에는 하나님을 향한 경외심 외에 또 다른 의미가 담겨 있었다. 그의 자세는 단지 하나님을 향한 공경심만을 드러내는 것은 아니다. 그의 자세는 지극한 겸손과 온유함만이 아니라 깊은 열정을 보여 준다. 42절을 "그는 땅에 넙죽 엎드렸다"라고 번역한 킹 제임스 역은 히브리어 동사의 의미를 잘 전달하고 있다. 그는 하나님 앞에 실제로 얼굴을 땅에 대고 엎드렸다. 이것은 그가 간절하고 열정적인 기도를 드렸다는 것을 의미한다.

엘리야도 다른 이스라엘 백성들과 마찬가지로 3년 6개월 동안 혹독한 기근을 견뎌야 했다. 온 민족이 기근으로 인해 멸망할 지경에 이르렀던 그때, 모두가 구원을 목말라했지만, 엘리야만큼 간절히 구원을 갈망한 사람은 없었다.

엘리야는 기근의 영적 의미를 잘 알고 있었다. 그것은 이스라엘의 배교 행위를 응징하기 위한 하나님의 심판이었다. 기근은 이스라엘 백성이 애굽에서 해방되었을 때 모세를 통해 경고하신 말씀의 성취였다. 신명기 8장 7-9절은 하나님이 인도하신 젖과 꿀이 흐르는 약속의 땅을 이렇게 묘사한다.

"네 하나님 여호와께서 너를 아름다운 땅에 이르게 하시나니 그곳은 골짜기든지 산지든지 시내와 분천과 샘이 흐르고 밀과 보리의 소산지요 포도와 무화과와 석류와 감람나무와 꿀의 소산지라 네가 먹을 것에 모자람이 없고 네게 아무 부족함이 없는 땅이며 그 땅의 돌은 철이요 산에서는 동을 캘 것이라"

그러나 신명기 28장은 이스라엘 백성이 하나님을 배신할 때 일어날 일을 이렇게 예고했다.

"네 머리 위의 하늘은 놋이 되고 네 아래의 땅은 철이 될 것이며 여호와께서 비 대신에 티끌과 모래를 네 땅에 내리시리니 그것들이 하늘에서 네 위에 내려 마침내 너를 멸하리라"(신 28:23-24).

땅이 철이 된다는 말은 오랫동안 비가 오지 않아 토양이 딱딱하게 굳는다는 것을 의미하고, 하늘이 놋이 된다는 말은 뜨거운 햇빛만 계속 내리쬘 것을 의미한다. 또한, 하늘이 놋이 된다는 말에는 하늘의 침묵과 무관심을 아울러 암시한다. 다시 말해, 이 말은 놋 방패가 하늘을 가로막고 있는 것처럼 비를 구하는 어떤 기도도 하나님의 보좌에 상달되지 못할 것을 의미한다.

모세가 예고한 말이 엘리야 시대에 정확히 일어났다. 땅은 철이 되고, 하늘은 놋이 되었다. 하나님의 저주가 온 나라에 임했다. 기근은 이스라엘 백성의 영적 죽음을 의미했으며, 백성들이 하나님께 다시 돌아올 때까지 비는 한 방울도 내리지 않을 것이었다.

엘리야가 갈멜 산에서 승리를 거두자 이스라엘 백성은 바알 숭배에서 어느 정도 벗어났다. 그들은 바알 선지자들을 죽임으로써 자기들 안에서 악을 제거하기 시작했다. 물론, 역사를 보면, 그들의 회개가 전면적이지도, 완전하지도 않았다는 것을 알 수 있다. 그러나 그들은 일단은 올바른 반응을 보였다. 엘리야는 하나님이 하늘을 여실 때가 되었음을 알았고 그 역사를 위해 간절히 기도를 드렸다.

엘리야는 끈기 있게 기도했다

엘리야는 홀로 간절히 기도했을 뿐 아니라 끈기 있게 기도했다. 그는 비를 내리게 하실 것이라는 약속의 말씀을 하나님으로부터 받았다.

18장 첫 구절을 보면, "많은 날이 지나고 제삼 년에 여호와의 말씀이 엘리야에게 임하여 이르시되 너는 가서 아합에게 보이라 내가 비를 지면에 내리리라"는 말씀을 읽을 수 있다.

어떤 사람들은 엘리야에게 약속이 주어졌기 때문에 굳이 기도할 필요가 없었다고 생각한다. 그는 하나님으로부터 철석같은 약속의 말씀을 받지 않았는가. 하나님이 이미 약속하셨는데, 왜 기도해야 하는가?

그러나 엘리야는 그런 식으로 생각하지 않았으며 우리 또한 그렇게 생각해서는 안 된다. 물론, 하나님은 항상 자신의 약속에 충실하시다. 하지만 하나님은 약속의 말씀과 함께 쉬지 말고 기도하라고 명령하셨다.

인간의 생각으로는 역설처럼 들리지만, 성경은 분명히 그렇게 가르친다. 예수님은 "목숨을 위하여 무엇을 먹을까 무엇을 마실까 몸을 위하여 무엇을 입을까 염려하지 말라"(마 6:25)고 말씀하시면서 또한 이렇게 덧붙이셨다.

"그러므로 염려하여 이르기를 무엇을 먹을까 무엇을 마실까 무엇을 입을까 하지 말라 이는 다 이방인들이 구하는 것이라 너희 하늘 아버지께서 이 모든 것이 너희에게 있어야 할 줄을 아시느니라 그런즉 너희는 먼저 그의 나라와 그의 의를 구하라 그리하면 이 모든 것을 너희에게 더하시리라 그러므로 내일 일을 위하여 염려하지 말라 내일 일은 내일이 염려할 것이요 한 날의 괴로움은 그날로 족하니라"(마 6:31-34).

하나님은 우리의 일상적인 필요를 모두 아시고 양식과 의복을 공급해 주시겠다고 약속하셨다. 이러한 것을 염려하는 것은 죄다. 하나님은 물질적인 필요를 채워 주시겠다고 약속하셨다.

그러나 예수님은 제자들에게 "우리에게 일용할 양식을 주시옵고"라고 기도하라 가르치셨다. 하나님이 약속하셨다고 해서 그분이 약속하신 것을 구하지 않아도 된다는 뜻은 아님을 알 수 있다.

하나님이 약속을 주신 이유는 기도하지 않게 하시기 위해서가 아니라 기도하게 하시기 위해서다. 하나님의 약속은 무엇을 위해 기도해야 할지를 알려 준다. 마이어는 이렇게 말했다.

"약속은 우리의 뜨거운 마음을 두려움 없이 쏟아부을 수 있는 틀이다. 약속은 요구하면 언제라도 지불이 가능한 수표와 같다. 우리가 해야 할 일은 수표에 배서한 뒤 지불을 요구하는 것뿐이다."[1]

아더 핑크도 "에스겔서 36장 24-36절에는 여러 가지 약속이 기록되어 있다. 그러나 그 약속들이 주어진 뒤에 곧바로 (하나님은) '그래도 이스라엘 족속이 이같이 자기들에게 이루어 주기를 내게 구하여야 할지라'(37절)고 말씀하셨다."라며 똑같은 원리를 설명했다.[2]

때로 기독교인들은 하나님이 약속을 이루어주시지 않는다고 불평하며 마음의 평화를 찾지 못하거나 필요한 것을 얻지 못하는 탓에 영적으로 좌절하기도 하고, 또는 같은 죄를 계속 되풀이하기도 한다. 하나님이 유혹을 피할 수 있는 길을 약속하셨지만, 그들은 그 길을 발견하지 못한다. 그때는 "너희가 얻지 못함은 구하지 아니하기 때문이요"(약 4:2)라는 약속을 기억해야 한다. 다시 말하지만, 하나님이 약속하셨다고 해서 그 약속을 구하지 않아도 된다는 뜻은 결코 아니다.

엘리야는 비를 내리시겠다는 약속을 받았지만 그 약속의 성취를 위해 간절히 기도했다. 그는 약속을 믿고 담대한 마음으로 하나님께 비를 내려 주시라고 간구하기 시작했다. 그는 사방을 볼 수 있는 갈멜산 꼭대기에서 무릎을 꿇고 머리를 다리 사이에 파묻은 자세로 간절히 비를 구했다.

하늘에서 불이 내린 것과는 달리 비가 즉시 내리지 않은 이유를 우리로서는 알 길이 없다. 우리가 아는 것은 하나님이 때로는 신속히 응답하시고, 때로는 우리를 기다리게 하신다는 것뿐이다. 심지어 엘리야와 같은 선지자조차도 항상 곧바로 응답을 받지는 못했다. 우리가 무엇이관데 하나님이 항상 우리의 기도에 지체 없이 응답하셔야 한다고 주장할 수 있겠는가?

그러나 하나님이 더디 응답하실 때는 항상 그럴 만한 이유가 있기 때문이다. 우리는 그 이유를 알 수 없지만, 하나님의 성품은 익히 알고 있다. 하나님은 선하시고 자비로우시다. 그분의 방법은 항상 옳고 그분의 때는 가장 적합하다. 하나님은 "모든 것을 지으시되 때를 따라 아름답게 하셨다"(전 3:11). 그분이 지체하시는 이유는 우리를 우롱하기 위해서가 아니다. 하나님이 약속의 성취를 한동안 보류하신다고 해서 마음대로 전횡을 일삼으신다고 생각해서는 곤란하다. 성경은 하나님이 지체하시는 것조차도 우리를 위한 은혜와 긍휼의 표시라고 말한다.

더욱이 하나님이 지체하실 때는 상상을 초월할 만큼 풍성하게 응답하실 때가 많다. 엘리야는 비를 구했고 응답은 지체되었다. 그러나 그는 인내하며 기도했다. 그 결과, 세찬 소낙비가 쏟아져 그가 구하는 것이나 생각했던 것보다 더 풍성한 응답이 주어졌다.

또한, 하나님이 지체하시는 이유는 응답을 기다리는 동안 믿음이 더욱 성숙해지고, 하나님을 더욱 깊이 알게 하시기 위해서다. 우리는 하나님의 때를 기다려야 한다. 왜냐하면 그분의 때는 항상 옳기 때문이다.

어떤 이유가 되었든, 하나님이 지체하시는 이유는 우리를 유익하게 하시기 위해서다. 즉, 우리의 믿음이 강해지고, 생각했던 것보다 더 큰 축복이 임하는 결과가 나타날 수 있다. 기다리다가 마침내 응답이 주어지면, 감사하는 마음이 더욱 넘칠 뿐 아니라 그것이 하나님의 응답이라는 사실을 더욱 분명하게 알 수 있다.

엘리야의 경우는 어땠는지 살펴보자. 그에게는 종이 있었다. 아마도 어린 소년이었던 것 같다. 어쩌면 엘리야가 전에 다시 살려낸 사렙다 과부의 아들이었는지도 모른다. 엘리야는 비를 위해 기도하면서 그 종에게 "올라가 바다 쪽을 바라보라"(43절)며 지중해가 내려다보이는 산꼭대기에 올라가라고 지시했다.

종은 가서 바다를 바라보았다. 그러나 하늘은 전과 마찬가지로 구름 한 점 없이 맑기만 했다. 그는 엘리야가 기도하고 있는 곳에 돌아와서 "아무것도 없나이다"(43절)라고 말했다. 엘리야는 "다시 가라."고 지시했다. 잠시 뒤에 그 종이 다시 돌아와 "아무것도 없나이다."라고 말했고 엘리야는 "다시 가라."고 말했다. 그 종은 세 번째도 여전히 "아무것도 없나이다."라고 말했다. 그러자 엘리야도 "다시 가라."고 또다시 말했다.

그러는 동안, 엘리야는 계속 기도했다. 이 모든 일이 얼마나 걸렸는지 정확히 알 수는 없다. 아마도 상당한 시간이 걸렸을 것이 틀림없다. 종은 다시 되돌아갔을 때마다 조금씩 더 오래 머물다 왔을 것이다. 그리고 돌아올 때는 실망한 표정으로 엘리야에게 "아무것도 없나이다."라고 말했을 것이다. 엘리야는 그때마다 "다시 가라."는 말을 반복했다. 그런 일이 일곱 차례나 반복되었다.

나는 엘리야가 실망했을 것이라고 생각하지 않는다. 그는 기도 응답이 그런 식으로 지체되는 것을 경험한 바 있었다. 어린 소년을 다시 살릴 때도 기도 응답이 즉각 이루어지지 않았다. 그때도 그는 세 차례나 기도해야 했다. 이 경우는 그 두 배가 넘는 기도를 드렸지만, 엘리야는 불만을 토로하거나 실망의 탄식을 토하지 않았다. 그는 단지 계속 기도했을 뿐이다. 그는 하나님으로부터 약속을 받았기 때문에 머지않아 응답이 주어질 것이라고 확신했다. 물론, 엘리야는 실제로 빗소리를 귀로 들을 수는 없었다.

그러나 그는 하나님의 약속을 굳게 믿었기 때문에 믿음의 귀로 이미 비가 내리는 소리를 들었을 것이다. 이제 곧 하늘이 열리고 아합이 상상도 하지 못할 소낙비가 쏟아질 것이었다. 엘리야는 폭풍이 다가오는 소리를 실제로 듣지는 못했지만, 믿음으로 그것을 이미 알고 있었다.

이것이 엘리야가 기도 응답을 확신할 수 있는 구체적인 증거가 없는데도 실망하거나 지치지 않고 기도할 수 있었던 이유였다. 그는 조금도 동요하지 않고, 귀로 들을 수 없는 소리를 듣고 있었다. 그는 하나님의 신실하심을 알았기 때문에 믿음으로 인내했다. 그는 전에도 하나님의 응답을 경험한 적이 있었기 때문에 이번에도 하나님이 정하신 때에 응답하실 것이라고 확신했다.

이런 일은 엘리야의 삶 속에서 늘 반복되었다. 하나님은 항상 엘리야를 막바지까지 기다리게 하셨다가 비로소 응답을 허락하셨다. 하나님은 엘리야를 말라가는 시냇가에 머물게 하셨고, 그 시냇물이 다 마르고 나서야 비로소 다음 여정을 알려 주셨다.

그런 다음, 그분은 그를 기근으로 굶주린 과부의 집에 머물게 하시고, 그들에게 그날에 필요한 양만큼의 기름과 곡식 가루를 매일 공급하셨다. 그러던 중, 과부의 아들이 원인을 알 수 없는 질병에 걸려 갑자기 세상을 떠났다. 엘리야는 기도를 몇 차례나 반복했고, 그제야 비로소 하나님이 그 소년을 살려 주셨다. 하나님은 항상 마지막에 가서 엘리야의 삶 속에 개입하셨다. 엘리아는 늘 안전한 절망의 구렁텅이까지 밀려나는 삶을 살았던 것처럼 보인다. 그러나 이 모든 일은 그의 믿음을 더욱 강하게 할 뿐이었다. 그는 이러한 과정을 통해 더욱 능력 있는 선지자로 거듭났다. 우리는 이런 상황에서 대개 분통을 터뜨릴 테지만, 엘리야는 오히려 더욱 활기를 띠고 담대함을 드러냈다. 그가 그렇게 힘을 얻었던 이유는 하나님이 그분이 정하신 때에 그분의 방법으로 역사하실 것을 알고 있었기 때문이다. 엘리야는 하나님의 때가 항상 옳았고, 그분의 방법이 항상 절대적으로 완벽했다는 사실을 깊이 깨달았다.

따라서 그는 침착한 태도로 조급해하는 어린 종을 갈멜 산 정상에 일곱 차례나 돌려보냈다. 마침내 그의 종은 "바다에서 사람의 손만한 작은 구름이 일어나나이다"라고 말했다.

종의 말은 구름의 크기가 매우 작다는 의미였을 테지만, 그 모양이 실제로 사람의 손같이 생겼다는 뜻인 것 같기도 하다. 아무튼, 그 무렵 엘리야의 종은 몹시 실망한 상태였다. 그는 엘리야에게 그런 표현으로 실망감을 전하려고 했던 것 같다. 마침내 수평선 위에서 무엇인가를 발견했지만, 그것은 너무나도 작은 구름 조각에 불과했다. 종은 그것을 보고 하등 기뻐해야 할 이유가 없었다.

그러나 믿음의 사람 엘리야의 생각은 달랐다. 그는 그것이 기도 응답이라는 것을 알았다. 그는 즉시 종을 아합에게 보내면서 "아합에게 말하기를 비에 막히지 아니하도록 마차를 갖추고 내려가소서 하라"(44절)고 지시했다. 종은 숨을 헐떡이며 아합에게 달려가 엘리야의 말을 전했다. 아합은 그 무렵 엘리야의 말을 가볍게 여겨서는 안 된다는 사실을 깨달았기에 즉시 마차에 말들을 달아매고 이스르엘을 향해 출발했다.

그러는 사이, 그 작은 구름은 습기를 모으기 시작했다. 45절을 읽어보자. "조금 후에 구름과 바람이 일어나서 하늘이 캄캄해지며 큰 비가 내리는지라 아합이 마차를 타고 이스르엘로 가니" 구름이 잔뜩 몰려 들면서 하늘이 어두워졌고, 구름에서부터 세찬 소낙비가 쏟아지며 바람이 거세게 불기 시작했다. 이스라엘 백성이 수년 동안 보지 못했던 비바람이었다.

진실로 "의인의 간구는 역사하는 힘이 크다." 이것이 인내하며 기도해야 하는 이유다. 기도하면서 실망해서는 안 된다. 왜냐하면 기도를 시작할 때부터 기도는 강력한 능력을 발휘하기 때문이다. 하나님이 응답을 지체하시는 것처럼 보일 때도 마찬가지다. 하나님이 지체하시다가 응답이 주어지는 경우, 보통 응답이 신속하게 주어질 때보다 더 강력하고 풍성한 결과가 나타난다.

이 경우가 그 대표적인 사례로, 하늘은 비를 홍수처럼 쏟아냈다.

그 다음에 일어난 일도 기적이기는 마찬가지다. 46절을 읽어 보자. "여호와의 능력이 엘리야에게 임하매 그가 허리를 동이고 이스르엘로 들어가는 곳까지 아합 앞에서 달려갔더라" 갈멜 산에서 이스르엘까지의 거리는 최소한 32킬로미터에 달한다.

그와 같은 사막 기후에서 오랫동안 비가 내리지 않다가 갑자기 비가 쏟아지는 경우에는 땅이 곧 진흙이 되어 마구 흘러내리는 상태로 변하는 것이 보통이다. 아합과 그의 마차가 궁궐까지 가는 데 오랜 시간이 걸렸을 것이 분명하다. 그러나 엘리야는 아합 앞에서 달려갔다. 이 또한 놀라운 기적이었다.

아합이 어떤 인상을 받았을지 생각해 보라. 우상숭배를 일삼았던 그의 눈에는 마치 엘리야가 신처럼 보였을 것이 분명하다. 성경은 아합이 이 일이 있고 난 뒤부터는 엘리야를 만날 때마다 두려워 떨었다고 증언한다.

갈멜 산의 사건은 아합의 심령 상태를 여실히 들여다볼 수 있는 기회를 제공한다. 그는 엘리야의 말이 사실이라는 것을 조금도 의심하지 않았다. 엘리야가 비가 올 것이라고 말하자 그는 즉시 마차를 준비해 집으로 돌아가야 한다는 것을 알았다. 또한, 그는 엘리야가 초자연적인 일을 행하는 것을 여러 차례 목격했기에 그가 참 선지자라는 사실을 조금도 의심하지 않았다.

그는 그런 표적과 기사가 엘리야의 주장을 사실로 입증한다는 것과 전능하신 하나님의 무한하신 지혜와 능력이 놀라운 기적을 가능하게 했다는 것을 알게 되었다. 그런데도 그는 여전히 마음이 완고하고 강퍅해 엘리야와 그가 섬기는 하나님을 증오하는 마음을 버리지 못했다. 그는 진리를 알면서도 회개하지 않았다. 그의 상태는 엘리야의 기적을 목격한 뒤에 더 나빠졌다.

"의인의 간구는 역사하는 힘이 크다"라는 야고보의 말은 기도가 신앙생활에서 가장 활발하고 활기찬 역할을 해야 한다는 뜻이다. 기도 응답이 주어지지 않는 이유는 하나님에게 잘못이 있기 때문이 아니다. 문제는 우리의 기도생활에 있다. 야고보는 "너희가 얻지 못함은 구하지 아니하기 때문이요 구하여도 받지 못함은 정욕으로 쓰려고 잘못 구하기 때문이라"(약 4:2, 3)고 말했다. 하나님의 뜻에 따라 열심히 간절하게 기도하는 법을 배우라. 성경은 기도가 놀라운 역사를 일으킨다고 약속한다.

chapter 11

기도는 전쟁의 함성이다
: 영적 전투로서의 기도

브루스 비켈

오늘날과 같은 포스트모던 사회에서는 교회의 결속을 촉구하는 전쟁의 함성이 더욱 절실히 필요하다. 이 기도는 "제자들의 기도" 가운데서 가장 간결하면서도 가장 포괄적이다. 우리는 "나라가 임하시오며"라는 기도를 통해 성령께서 말씀 사역에 능력과 축복을 베푸셔서 그리스도의 원수들을 제압할 수 있게 해달라고 간구해야 한다. 우리는 사탄의 세력이 궤멸되게 해달라고, 하나님이 선택하신 사람들이 모두 구원받을 때까지 은혜의 나라가 계속 확장되게 해달라고, 이 세상의 체계와 그 부패한 유혹에서 더욱더 멀리 벗어날 수 있게 해달라고 기도해야 한다.

역사를 돌아보면 전쟁을 치르는 국가나 개인의 경우, 이른바 "전쟁의 함성"을 사용했던 것을 알 수 있다. 전쟁의 함성은 결속력을 다지기 위한 외침으로 군인들의 사기를 최대한 끌어올려 주어진 임무에 충실하게 함으로써 승리를 위해 힘차게 전진하게 해준다. 예를 들어, 스코틀랜드 사람들은 독립을 위해 싸울 때 "월리스, 월리스, 월리스(그들의 영웅이었던 윌리엄 월리스를 가리킨다)!"를 소리 높여 외치며 그 기치 아래 하나로 뭉쳤다. 또한, 텍사스 사람들은 산타 아나 장군의 휘하에 있는 멕시코 군인들과 싸울 때 "알라모를 기억하라!"고 외쳤고, 2차 세계 대전 당시 미국 군인들은 태평양 전쟁을 승리로 이끌 동기를 부여하기 위해 "진주만을 기억하라!"고 외쳤다.

그리스도의 몸인 교회의 경우에도 전쟁의 함성이 주어졌다. 주님은 기도의 태도와 방법과 내용을 가르치시면서 "나라가 임하시오며"라고 기도하라 말씀하셨다. 그리스도의 몸이 전쟁 중에 있기 때문에 "전쟁의 함성"이 필요하다는 생각은 요즘에는 크게 환영받지 못하는 상태지만, 성경은 남은 자, 박해, 싸움 등과 같은 표현을 사용해 하나님의 백성이 처한 상태를 분명하게 기술하고 있다. 바울은 우리가 싸움을 하고 있는 중이라는 사실을 분명히 이해했다(고후 10:4, 딤전 1:18-19). 그렇다면, "나라가 임하시오며"라는 말이 어떻게 교회를 위한 "전쟁의 함성"이 될 수 있을까?

두 번째 간구는 주기도(이후부터는 "제자들의 기도"라고 일컫겠다)에서 길이는 가장 짧지만, 그 의미는 가장 포괄적이다. 오늘날 이 점을 잘 이해하지 못하는 사람이 많은 것은 참으로 안타깝고 의아한 일이다. 다음의 질문들을 생각하면, 이 간구의 의미를 이해하는 데 도움이 될 것이다. 이 간구와 그 앞에 있는 간구("이름이 거룩히 여김을 받으시오며")는 서로 어떤 관계를 맺고 있는가? "나라"라는 말은 구체적으로 무슨 의미인가? "나라가 임하시오며"라는 간구를 어떻게 이해해야 할까?

"이름이 거룩히 여김을 받으시오며"라는 첫 번째 간구는 하나님의 영광 자체와 관계가 있고, "나라가 임하시오며 뜻이……땅에서도 이루어지이다"라는 간구는 그분의 영광이 세상에 더욱더 밝히 드러나게 만드는 수단을 다룬다. 하나님의 이름은 하나님 자신, 곧 창조된 세계와 성경에 계시된 그분의 본질과 성품과 속성을 가리킨다. 하나님의 영광이 드러나는 정도는 그분의 나라가 우리에게 얼마나 임하고, 우리를 통해 그분의 뜻이 얼마나 이루어지느냐에 따라 달라진다. 이 간구와 첫 번째 간구의 관계는 이렇듯 명백하다. 그리스도께서는 하나님의 위대하신 이름이 거룩히 여김을 받도록 기도하라고 가르치신 후 그런 결과를 가져올 수 있는 수단을 위해 기도하라고 지시하셨다. 하나님의 이름을 거룩하게 하는 방법은 매우 다양하지만, 하나님의 나라가 임하는 것보다 그분의 영광을 더 밝히 드러나게 만드는 것은 아무것도 없다. 이런 이유로 예수님은 같은 장에서 "너희는 먼저 그의 나라와 그의 의를 구하라"(마 6:33)고 가르치셨다.

우리는 세상에서 하나님의 이름을 영화롭게 해야 하지만, 우리 자신의 힘만으로는 그렇게 할 수 없다. 하나님의 나라가 먼저 우리 마음에 이루어져야 한다(요 3:3-8). 하나님을 영화롭게 하고, 그분의 통치에 기꺼이 복종하려는 마음이 없으면, 그분을 결코 영화롭게 할 수 없다.

하나님의 나라는 다음과 같은 순서와 과정을 거쳐 개개인에게 점진적으로 임한다. 1) 하나님은 사람들에게 보편적인 구원 소명을 통해 구원의 외적 수단을 제공하신다(롬 10:13-17). 2) 전파된 말씀이 마음에 들어가면 복음의 신비가 깨달아진다(마 13:23, 히 6:4-6, 10:32). 3) 성령의 거듭남을 통해 돌처럼 단단한 마음이 살처럼 부드러운 마음으로 바뀐다. 그러면, 개인은 하나님의 나라에 들어가 그분의 은혜로우신 통치에 기꺼이 순종한다(요 1:12, 13, 3:3, 5, 겔 36:22-27). 4) 구원받은 자들의 영혼은 죽는 순간 죄의 영향에서 온전히 해방된다(영화, 롬 7:24, 25, 히 12:23). 5) 구원받은 자들은 부활할 때 온전히 영화롭게 된다(롬 8:23).

이 두 번째 간구는 하나님의 주권적인 통치와 관련되지만, 하나님의 보편적인 주권을 행사하는 것과는 무관하다. 하나님의 보편적인 주권은 태초부터 지금까지 늘 행사되어 왔다(창 1:1). 따라서 "나라"는 하나님의 은혜로우신 통치가 새 하늘과 새 땅에서 그 영원한 영광을 통해 절정에 이를 것이라는 점에서 미래적 차원을 지닌다(벧후 3:13). 그러면, 이 간구에서 나라는 정확히 무엇을 의미할까? 이 말은 은혜의 나라와 영광의 나라라는 두 개의 나라를 모두 의미한다. 먼저, 은혜의 나라는 하나님이 "남은 자들"의 양심을 상대로 행하시는 사역을 가리킨다. 즉, 은혜의 나라는 하나님의 구원 사역을 가리키는 것으로 한편으로는 현재적이지만, 궁극적인 완성을 기다려야 한다는 점에서는 미래적이다.

우리는 어둠의 나라로부터 구원받는다(골 1:13-14). 우리는 "나라가 임하시오며"라는 기도를 통해 어둠의 권세에서 벗어나고 그 결과, 이 세상에서 마귀의 나라가 파괴된다. 우리는 전쟁 중이기 때문에(엡 6:11-13) 이 기도는 우리를 위한 "전쟁의 함성"과 다름없다. 우리는 은혜의 나라가 우리의 심령 속에 건설되어 삶을 영위해 나가는 동안 더욱더 왕성해지게 해달라고 기도해야 한다. 우리는 구원을 위한 하나님의 통치, 곧 은혜의 나라가 예수님의 영광스런 재림을 통해 온전한 나라가 임할 때까지 날이 갈수록 더욱 확장되기를 바라며 기도해야 한다.

둘째, 우리에게 "전쟁의 함성"이란 영광의 나라가 신속히 임하기를 바라고, 또 하나님이 정하신 때에 우리가 그 나라에 들어갈 수 있기를 바라는 기도를 의미한다. 은혜의 나라와 영광의 나라는 특성상의 차이는 없고, 단지 시간상의 차이만 있을 뿐이다. 즉, 이 두 나라는 본질은 같고, 정도만 다를 뿐이다. 은혜의 나라는 영광의 나라의 첫 단계에 해당한다. "은혜의 나라는 영광의 씨앗을 배태하고, 영광의 나라는 은혜를 활짝 꽃피운다."(리처드 십스)라는 말처럼 은혜의 나라는 영광의 나라의 시작이고, 영광의 나라는 은혜의 나라의 완성이다. 은혜의 나라와 영광의 나라는 서로 떼려야 뗄 수 없는 관계를 맺고 있기 때문에 은혜의 나라에 들어가야만 영광의 나라에 들어갈 수 있다. 은혜는 영광으로 이어지며 은혜 없는 영광은 있을 수 없다. 은혜의 나라를 통하지 않고서는 그 누구도 영광의 나라에 들어갈 수 없다. 은혜의 나라는 영광의 나라로 이어진다. 하나님은 이 두 나라를 하나로 결합하셨다. 따라서 이 둘을 떼어놓으려고 해서는 안 된다.

우리의 "전쟁의 함성"은 여러 가지 의미를 지닌다. 첫째, 우리는 하나님께 그분의 외적 은혜가 세상에 더욱 넘치게 해달라고 기도해야 한다. 우리는 전쟁 중이기 때문에 복음이 전파되고, 성령의 능력이 복음과 함께 역사하기를 간구해야 한다. 우리는 교회가 더욱 힘을 얻고, 하나님의 이름이 거룩히 여김을 받는 일이 세상에서 더욱 많아지고, 사탄의 사역이 파괴되는 역사가 일어나게 해달라고 기도해야 한다. 우리는 영적 싸움을 치르는 중이다.

둘째, 이 전쟁의 함성은 내면에서 역사하는 하나님의 나라, 곧 인간의 마음속에서 이루어지는 하나님의 은혜로운 영적 통치를 간구함을 의미한다. 우리는 그분의 주권적인 통치가 우리의 마음속에 이루어져 그분의 계명에 복종함으로써 그분의 이름이 우리의 삶을 통해 더욱 영화롭게 되도록 해달라고 기도해야 한다.

셋째, 이 전쟁의 함성은 하나님 나라의 미래의 영광을 간구함을 의미한다. 우리는 주님의 재림이 속히 이루어져 사탄과 그의 군대가 완전히 궤멸되고, 하나님의 백성이 죄에서 영원히 해방될 수 있게 해달라고 기도해야 한다.

마지막으로, 이 "전쟁의 함성"은 삶의 주도권을 포기하고, 성령께서 하나님의 영광을 위해 우리의 삶을 지배하시게 해달라고 간구하는 것을 의미한다.

우리는 삶을 통제하고 진로를 결정함으로써 자신의 운명을 스스로 개척해 나가야 한다는 교육을 받고 자랐다. 오늘날과 같은 자기중심적이고 이기적인 사회는 "나를, 나의, 나" 외에 다른 대명사를 거의 인정하려 들지 않는다. 그러나 하나님이 은혜의 나라를 통해 우리의 삶에 개입하시면, 자기중심적인 성향이 바뀌고, "(주님의) 뜻이 이루어지이다"라고 기도할 수 있게 된다. 만일 우리가 주님의 대의보다 우리 자신의 일에 더 많은 관심을 기울인다면, 어떻게 우리가 그리스도 안에 거한다고 자부하고, 또 주님의 주재권을 인정해 그분을 주권자로 받들어

섬긴다고 주장할 수 있겠는가?

우리는 하나님 나라의 시민으로서 우리가 영적 전쟁을 치르는 중이라는 사실을 의식해야 한다. 청교도 목회자였던 토머스 브룩스는 1652년에 저술한 『사탄의 책략을 막는 귀한 처방』에서 "형제들을 참소하던 자"(계 12:10)가 하나님의 백성들을 해치고자 할 때 가장 즐겨 사용하는 유혹의 전략을 자세히 설명했다.

오늘날과 같은 포스트모던 사회에서는 교회의 결속을 촉구하는 전쟁의 함성이 더욱 절실히 필요하다. 이 기도는 "제자들의 기도" 가운데서 가장 간결하면서도 가장 포괄적이다. 우리는 "나라가 임하시오며"라는 기도를 통해 성령께서 말씀 사역에 능력과 축복을 베푸셔서 그리스도의 원수들을 제압할 수 있게 해달라고 간구해야 한다. 우리는 사탄의 세력이 궤멸되게 해달라고, 하나님이 선택하신 사람들이 모두 구원받을 때까지 은혜의 나라가 계속 확장되게 해달라고, 이 세상의 체계와 그 부패한 유혹에서 더욱더 멀리 벗어날 수 있게 해달라고 기도해야 한다.

이 "전쟁의 함성"을 적용할 수 있는 몇 가지 방법을 생각해 보면 다음과 같다. 첫째, 우리는 하나님 나라의 확장에 기여하지 못한 우리의 잘못을 슬피 뉘우치며 고백해야 한다. 우리는 하나님 앞에서 사탄을 이롭게 하고 죄를 짓기를 좋아하는 육신의 성향과 우리의 부패한 본성을 고백해야 할 의무가 있다(롬 7:14-24). 세상은 소위 "정치적 공정성"을 갈망하며 하나님의 계명을 어김으로써 그분을 욕되게 하고, 사탄의 나라가 왕성해지게 만들려고 애쓴다. 우리는 이런 슬픈 현실을 애통하게 여겨야 한다(시 119:136, 막 3:5). 둘째, 우리의 삶을 통해 세상에서 거룩한 영향력을 행사할 수 있는 은혜를 간절히 구해야 한다. 다시 말해, 세상의 "빛과 소금"이 되어 하나님 나라가 밝히 드러나 널리 확장될 수 있게 해달라고 기도해야 한다. 또한 그리스도의 명령을 지키려고 노력하고, 사랑으로 그분께 복종함으로써 항상 그분의 명령을 이행할 준비를 갖추어야 한다(롬 6:13). 셋째, 하나님이 우리에게 요구하시는 책임을 모두 완수해 하나님 나라에 합당한 열매를 맺을 수 있는 능력을 허락해 달라고 기도해야 한다(마 21:43, 롬 14:17). 우리는 하나님이 그분의 나라를 왕성하게 하고 원수를 물리치는 일에 사용하라고 허락하신 수단을 모두 활용해 이 일을 부지런히 수행해야 한다(전 9:10, 골 3:17). 넷째, 우리는 십자가에 못 박히신 그리스도를 충실히 전하며 "진쟁의 함성"을 외쳐 남은 자들을 결속시킬 수 있는 사람들이 강단을 가득 채우게 해달라고 기도해야 한다.

우리 모두가 겸손하고 충성스런 마음으로 그리스도의 십자가를 굳게 붙잡고, 멸망해 가는 어두운 세상에 더 많은 빛을 비추며, "나라가 임하시오며"라고 외침으로써 하나님의 은혜의 영광을 찬양하며 그분의 나라가 더욱 왕성해지는 역사가 일어나기를 간절히 기도한다.[1]

| 후기 |

주님은 기도를 가르치실 때 "꼭 이대로 기도하라"가 아니라 "이런 식으로 기도하라"고 말씀하셨다. 기도의 방식은 기도의 내용 못지않게 중요한데, 이는 이 책에 글을 기고한 훌륭한 신학자와 목회자들이 강조하고자 했던 것이다.

스프로울은 우리가 기도해야 하는 이유는 기도가 그리스도의 명령일 뿐 아니라 하나님이 뜻하신 계획을 이루시는 수단 가운데 하나이기 때문이라고 말했다.

존 맥아더는 기도는 예배의 행위이기 때문에 하나님의 권위에 합당한 공경심과 숭앙심이 담긴 기도를 드려야 한다고 말했다.

존 파이퍼는 우리나 우리의 상황이 아니라 하나님이 기도의 중심이 되셔야 한다고 말했다. 예수님은 기도를 가르치실 때 하나님의 영광을 가장 먼저 언급하셨다.

조엘 비키는 하나님의 이름을 거룩하게 하는 것이 무슨 의미인지 설명했다. 하나님의 이름을 영화롭게 하는 것이 주님의 가장 중요한 관심사였다면, 우리도 일상을 살아갈 때는 물론, 특히 기도할 때 그것을 가장 중요한 관심사로 삼아야 마땅하다. 그렇게 하려면, 먼저 하나님을 잘 알아야 한다.

스티븐 로슨은 "예수님의 이름으로"라는 표현은 단지 하나님이 우리의 기도를 들어주실 것을 보증하는 의미로 기도의 말미에 붙이는 주문 같은 것이 아니라 주님이 구하시는 것과 똑같은 것을 구한다는 확신으로 기도한다는 의미를 지닌다고 설명했다. 즉, 이 표현은 하나님의 성품과 뜻에 일치하는 기도를 드린다는 의미다.

로버트 갓프리는 기도는 하나님을 움직여 우리의 뜻을 이루는 수단이 아니라 우리로 하여금 그분의 뜻을 구하게 만드는 수단이라고 말했다. 우리의 기도는 우리가 하나님의 뜻에 얼마나 기꺼이 일치하느냐를 드러내는 척도다.

리처드 필립스는 기도와 하나님의 주권의 관계를 규명했다. 우리가 비성경적인 운명주의에 사로잡혀 기도를 멀리하기보다 오히려 더욱 자신 있게 기도할 수 있는 이유는 하나님이 주권자이시기 때문이다.

하이웰 존스는 오직 신자들만이 그리스도의 초림 이후에 그분의 이름으로 기도할 수 있다고 말했다. 우리는 그 이전의 신자들이 누리지 못했던 특권을 누리고 있는 것이다.

마이클 헤이킨은 교회의 합심 기도의 중요성을 강조했다. 개인의 차원에서 드리는 기도도 중요하고, 집단의 차원에서 드리는 기도도 중요하다.

빌 존슨은 "의인의 효과적이고 열정적인 기도"에 관해 설명했다. 의인의 기도는 은밀함과 열정과 끈기를 특징으로 한다.

마지막으로 브루스 비켈은 기도는 신자를 위한 전쟁의 함성과 같다고 설명했다. 그리스도의 군사들은 기도로 영적 싸움을 치러야 한다.

주님이 이 책을 도구로 삼아 기독교인들의 마음을 고무시켜, 그분의 영광과 신자들의 거룩함과 하나님 나라의 왕성함을 위해 일심으로 기도할 수 있는 역사를 일으켜 주시기를 간절히 바란다.

| 주 |

1장
1. Calvin, *Institutes of the Christian Religion*, trans. Ford Lewis Battles, ed. John T. McNeill (Louisville: Westminster John Knox, 1960), Book 3, chapter 20, section 3.
2. *The Works of Jonathan Edwards* (Carlisle, Pa.: Banner of Truth Trust, 1974), 116.

2장
1. John R. Rice, *Prayer-Asking and Receiving* (Muphreesboro, TN: Sword of the Lord, 1942), 29.
2. John MacArthur, *Charismatic Chaos* (Grand Rapids: Zondervan, 1992), 264-90.
3. Arthur Pink, *The Sermon on the Mount* (Lafayette, IN: Sovereign Grace Publishers, 2001 reprint), 162.

4장
1. James Fisher, *The Assembly's Shorter Catechism Explained* (Stoke-on-Trent, U.K.: Berith Publications, 1998), 272; cf., Shorter Catechism, Q. 54.
2. Fisher, *Shorter Catechism Explained*, 336; cf. Shorter Catechism, Q. 77.
3. Joseph A. Alexander, *The Psalms Translated and Explained* (repr., Grand Rapids: Baker Book House, 1975), 553.
4. *Concise Oxford Dictionary*, 4th ed. (Oxford: University Press, 1952), 545
5. Alexander, *The Psalms Translated*, 360. 롬 3:23-26 참조
6. *Concise Oxford Dictionary*, 720
7. Selections from *The Psalter* (Grand Rapids: Reformation Heritage Books, 1999), Nos. 77:2; 183:4; 308:1.

8. *An Arrangement of the Psalms, Hymns, and Spiritual Songs of the Rev. Issac Watts*, ed. James M. Winchell (Boston: James Loring, 1832), Hymn #38.
9. Heidelberg Catechism, Q. 99.
10. Heidelberg Catechism Q. 114.

7장

1. John Piper, "Putting My Daughter to Bed Two Hours after the Bridge Collapsed," accessed on-line August 2007 at: http://www.desiringgod.org/blog/posts/putting-my-daughter-to-bed-two-hours-after-the-bridge-collapsed.
2. Greg Boyd, "Why the I-35 Bridge Collapsed," accessed on-line August 9, 2007 available from http://gregboyd.blogspot.com/2007/08/why-35w-bridge-collapsed.html.
3. Roger Olson, "Calvinistic View of Bridge Collapse Distorts God's Character," accessed August 27, 2007 online at http://www.baylor.edu/lariat/news.
4. Ibid.
5. C. Samuel Storms, "Prayer and Evangelism under God's Sovereignty" in *Still Sovereign: Contemporary Perspectives on Election, Foreknowledge, and Grace*, ed. Thomas R. Schreiner & Bruce A. Ware (Grand Rapids: Baker, 1995), 316.
6. James M. Boice, *Whatever Happened to the Gospel of Grace?*(Wheaton, Ill.: Crossway, 2001), 167, 178.
7. Arthur W. Pink, *The Sovereignty of God* (Grand Rapids: Baker, 1993), 168.
8. Arthur W. Pink, *The Sovereignty of God* (Grand Rapids: Baker, 1993), 169.
9. Ibid., 320.
10. Nikolaus Ludwig von Zinzendorf, "Jesus, Thy Blood and Righteousness," 1739.

8장

1. 예수님을 주님으로 믿는 신자들을 일컫는 또 다른 용어가 있었는데 그것은 "도(또는 길)를 따르는 사람"이었다. 초대 교회는 구약 성경과 예수님의 가르침에서 발견되는 이 용어로 스스로를 지칭했던 것으로 보인다(출 33;13, 시 119, 마 7:13-14, 행 9:2, 19:9, 23, 22:4, 24:14, 22.
2. 예를 들어, 창세기 18장 22-33절, 에스라 8장, 시편 84편을 에베소서 1장 15-22절과 비교해 보라.
3. H. B. Swete, *The Last Discourse and Prayer of Our Lord* (London: MacMillan & Co., 1914) 141.
4. 바울은 갈라디아서 4장 1-7절에서 이와 비슷한 비유를 사용했다(6절은 기도와 관련된 내용이다).
5. Herman Ridderbos, *The Gospel of John: A Theological Commentary*. Trsl. J. Vriend (Grand Rapids: Wm. B. Eerdmans, 1991).

6. 다음 자료는 이 변화가 가져온 결과를 잘 요약하고 있다. J. I. Packer, *Fundamentalism and The Word of God* (London: IVF, 1958), 52-53.
7. D. A. Carson, *The Gospel According to John*, Nottingham: IVP. 171.
8. B. B. Warfield's essay "God and Human Religions and Morals," *Selected Shorter Writings Vol 1*. ed. John E. Meeter (Nutley, NJ: Presbyterian & Reformed Publishing Co., 1970), 41-45.
9. 다음 자료를 참조하라. *Teach Us to Pray: Prayer in the Bible and the World*, ed. D. A. Carson (World Evangelical Fellowship. Paternoster Press, 1990).
10. 저자의 다음 자료를 참조하라. *Only One Way: Do People have to believe in Christ to be saved?* (Leominster: Day One Publishing, 1996).
11. 예를 들면, 시편 139편 19-21절과 느헤미야 4장 4-5절이다. 이 두 기도는 모두 이방 민족을 처단해 달라는 내용을 담고 있다.
12. John Owen, "A Discourse Concerning Liturgies and their Imposition," *Works*, vol. 15 chapter 3.
13. R. L. Dabney, *Systematic Theology* (Edinburgh: Banner of Truth Trust, 1985), 721.
14. *Thoughts on Public Prayer*, pp. 51-54.
15. 매튜 헨리의 기도와 하이델베르크 교리문답과 웨스트민스터 교리문답의 주기도 해설을 참조하라. 토머스 왓슨과 헤르만 빗시우스의 주기도 해설도 도움이 될 것이다.
16. *Institutes* Book III Chap 20. 48, Battles Translation.
17. Ibid., 49.
18. 다음 자료를 참조하라. J. Alec Motyer, "Name," *New Bible Dictionary*, ed. J. D. Douglas, (London: IVF, 1962).
19. *Institutes*, III. 20. 18.
20. 칼빈은 그 근거를 다음과 같이 제시했다. "장차 올 것의 그림자였던 율법의 의식은 사람들이 직접 하나님 앞에 나아갈 수 없고 중보자를 필요로 한다는 사실을 가르쳤다.⋯⋯ 따라서 우리는 하나님이 처음부터 그리스도의 중보를 통해 만족을 얻으시고, 경건한 자들의 기도를 들어주시기로 작정하셨다고 추론할 수 있다."
21. Ibid III 20. 18.
22. 바울 사도는 고린도후서 3장에서 이 사실을 분명히 밝혔다.
23. 다음 자료를 참조하라. John Owen, "The Work of the Holy Spirit in Prayer," *The Works of John Owen*, vol. 4 (Edinburgh: Banner of Truth Trust, 1967). 이 책은 1998년에 배너사가 펴낸 청교도 문고판에 축약된 형태로 출판되었다.

9장

1. John Geree, *The Character of an old English Puritan or Non-Conformist* (London, 1646). Lawrence A. Sasek, *Images of English Puritanism. A Collection of Contemporary Sources* 1589-1646 (Baton Rouge, LA/Louisiana State University Press, 1989), 209. 이 자

료는 다음 인터넷 사이트에서도 확인할 수 있다. www.cet.com/~mtr/GereeChar.html.
2. "The Return of Prayers," *The Works of Thomas Goodwin*, D. D. (Edinburgh: James Nichol, 1862), III, 362.
3. Mr. John Bunyan's Dying Sayings," *The Works of John Bunyan*, vol. I (Philadelphia: John Ball, 1850), 47.
4. *Jonathan Edwards' Resolutions And Advice to Young Converts*, ed. Stephen J. Nichols (Phillipsburg, New Jersey: P&R Publishing, 2001), 26.
5. "Letters and Personal Writings," ed. George S. Claghorn (*The Works of Jonathan Edwards*, vol. 16 ; New Haven/ London: Yale University Press, 1998), 758, n. 5.
6. "The Most High A Prayer-Hearing God," *The Works of Jonathan Edwards* (1834 ed.; repr. Edinburgh: The Banner of Truth Trust, 1974), 2:115.
7. Ibid., 115-116.
8. Robert O. Bakke, *The Power of Extraordinary Prayer* (Wheaton, Illinois: Crossway Books, 2000), 123.
9. *Jonathan Edwards: A Guided Tour of His Life and Thought* (Phillipsburg, New Jersey: P&R Publishing, 2001), 210.
10. "The Most High A Prayer-Hearing God," *Works*, 2:116.
11. "The Most High A Prayer-Hearing God," *Works*, 2:116.
12. 다음 자료에서 인용했다. F. Lovelace, *The American Pietism of Cotton Mather: Origins of American Evangelism* (Grand Rapids: Wm. B. Eerdmans Publ. Co., 1979), 244.
13. *Private Meetings Animated & Regulated* (Boston, 1706), 10-11, 19.
14. "Humble Attempt," *Apocalyptic Writings*, ed. Stephen J. Stein (*The Works of Jonathan Edwards*, vol. 5 (New Haven/London: Yale University Press, 1977), 320.
15. 다음 자료를 참조하라. Michael A. G. Haykin, *One heart and one soul: John Sutcliff of Olney, his friends and his times* (Darlington, Co. Durham: Evangelical Press, 1994), 153-171.
16. "Humble Attempt," *Apocalyptic Writings*, ed. Stein, 321.
17. Ibid., *Apocalyptic Writings*, ed. Stein, 317.
18. Ibid., 341.
19. Ibid.., 344.
20. "너희가 악할지라도 좋은 것을 자식에게 줄 줄 알거든 하물며 너희 하늘 아버지께서 구하는 자에게 성령을 주시지 않겠느냐"
21. Ibid., 347-348, 356.
22. Ibid., 357-359.
23. Ibid., 359.
24. Ibid., 362.
25. Ibid., 289. n.3

26. Ibid., 363-364.
27. Ibid., 366.
28. "Humble Attempt," 428. Michael J. Crawford, *Seasons of Grace, Colonial New England's Revival Tradition in Its British Context*(New York: Oxford University Press, 1991), 41-42. 더 많은 사례를 찾아보고 싶으면 다음 자료를 참조하라. Crawford, *Seasons of Grace*, 229.
29. Alan Heimert, *Religion and the American Mind: From the Great Awakening to the Revolution* (Cambridge, Massachusetts: Harvard University Press, 1966), 336.
30. Bakke, *Power of Extraordinary Prayer*, 123
31. J. A. De Jong, *As the Waters Cover the Sea: Millennial Expectations in the Rise of Anglo-America Missions*, 1640-1810 (Kampen, The Netherlands: J. H. Kok N. V., 1970), 166.
32. *The Complete Works of the Rev. Andrew Fuller*, ed. Andrew Gunton Fuller and revised Joseph Belcher. (1845 ed.), 1:117.
33. *Works of the Rev. Andrew Fuller*, 1:131.
34. 다음 자료를 참조하라. John Ryland, Jr., *The Nature, Evidences, and Advantage of Humility*, 12.
35. Ryland, Jr., *The Nature, Evidences, and Advantages of Humility*, 12.
36. *Jealousy for the Lord of Hosts Illustrated* (London: W. Button, 1791), 12.
37. "Humble Attempt," 348.
38. John H. Gerstner, *Jonathan Edwards: A Mini-Theology* (Wheaton, Il.: Tyndale House Publishers, 1987), 96.
39. Stephen J. Stein, "The Quest for the Spiritual Sense: The biblical Hermeneutics of Jonathan Edwards," *The Harvard Theological Review*, 70 (1977), 108.
40. "Baptist Meeting at Olney Minutes," entry for June 29, 1784 (Church Minute Book, Olney, Buckinghamshire, England).
41. Jonathan Edwards Ryland, "Memoir of Dr. Ryland," *Pastoral Memorials: Selected from the Manuscripts of the Late Revd. John Ryland, D. D. of Bristol*, 1:17. 아브라함 부스(1734-1806)는 런던의 저명한 침례교 목사였다. 그가 이글 스트리트 침례교회를 담임하고 있던 토머스 홉킨스에게 당부한 말 가운데는 다음과 같은 권고가 포함되었다. "겸손한 마음으로 기대감을 가지고 날마다 성령의 도우심을 구하시오." ("Pastoral Cautions: An Address to the Late Mr. Thomas Hopkins," *The Works of Abraham Booth*, 3:178.) 리처드 블랙커비(1574-1648)와 존 로저스(1636 사망)는 둘 다 청교도 저술가였다. 스코틀랜드 합심 기도 운동의 발기인 가운데 한 사람이었던 존 맥로린의 사위 존 길리스(1712-1796)의 책(*Historical Collections Relating to Remarkable Periods of the Success of the Gospel, and Eminent Instruments Employed in Promoting It*)은 초창기 부흥의 역사를 다룬 책으로 유명하다.

42. 이 내용을 좀 더 자세히 알고 싶으면 다음 자료를 참조하라. Timothy George, *Faithful Witness: The Life and Mission of William Carey* (Birmingham, Alabama: New Hope, 1991).
43. *The Baptist Annual Register* (London, 1797), 2:16, 23.
44. *The Baptist Annual Register* (London, 1801), 3:40, 42.
45. *Baptist Annual Register*, 3:40.
46. Deryck W. Lovegrove, *Established Church, Sectarian People: Itineracy and the Transformation of English Dissent, 1780-1830* (Cambridge: Cambridge University Press, 1988), 38.
47. *History of the Baptist Missionary Society, From 1792 to 1842* (London: T. Ward & Co./G. & J. Dyer, 1842), 1:10-11.
48. J. Edwin Orr, *The Eager Feet: Evangelical Awakenings 1790-1830* (Chicago: Moody Press, 1975), 95, 191-92, 199; Paul E. G. Cook, "The Forgotten Revival," *Preaching and Revival* (London: The Westminster Conference, 1984, 92.
49. Fuller, "Principles and Prospects," *Works of the Rev. Andrew Fuller*, 1:344.
50. J. W. Morris, *Memoirs of the Life and Writings of the Rev. Andrew Fuller* (London, 1816), 443.

10장

1. *Elijah and the Secret of His Power* (Ft. Washington, PA: Christian Literature Crusade, 1972 reprint), 77-78.
2. *Elijah* (Edinburgh: Banner of Truth, 1956), 184.

11장

1. 이 본문의 참고 자료는 다음과 같다. 더 많은 연구를 원한다면 이 자료들을 참고하라. Arthur Pink, *The Lord's Prayer*. William Hendrickson, *Baker New Testament Commentary: Matthew*. D. A. Carson, *The Sermon on the Mount*. James Montgomery Boice, *The Sermon on the Mount: An Expositional Commentary*. John Preston, Nathaniel Vincent, Samuel Lee, *The Puritans on Prayer*. Thomas Watson, *A Body of Divinity*.)

사명선언문

너희가 흠이 없고 순전하여……세상에서 그들 가운데 빛들로
나타내며 생명의 말씀을 밝혀 _ 빌 2:15-16

1. 생명을 담겠습니다
만드는 책에 주님 주신 생명을 담겠습니다.
그 책으로 복음을 선포하겠습니다.

2. 말씀을 밝히겠습니다
생명의 근본은 말씀입니다.
말씀을 밝혀 성도와 교회의 성장을 돕겠습니다.

3. 빛이 되겠습니다
시대와 영혼의 어두움을 밝혀 주님 앞으로 이끄는
빛이 되는 책을 만들겠습니다.

4. 순전히 행하겠습니다
책을 만들고 전하는 일과 경영하는 일에 부끄러움이 없는
정직함으로 행하겠습니다.

5. 끝까지 전파하겠습니다
모든 사람에게, 땅 끝까지, 주님 오시는 그날까지
복음을 전하는 사명을 다하겠습니다.

서점 안내

광화문점 서울시 종로구 새문안로 69 구세군회관 1층
02)737-2288 / 02)737-4623(F)

강남점 서울시 서초구 신반포로 177 반포쇼핑타운 3동 2층
02)595-1211 / 02)595-3549(F)

구로점 서울시 동작구 시흥대로 602, 3층 302호
02)858-8744 / 02)838-0653(F)

노원점 서울시 노원구 동일로 1366 삼봉빌딩 지하 1층
02)938-7979 / 02)3391-6169(F)

일산점 경기도 고양시 일산서구 중앙로 1391 레이크타운 지하 1층
031)916-8787 / 031)916-8788(F)

의정부점 경기도 의정부시 청사로47번길 12 성산타워 3층
031)845-0600 / 031)852-6930(F)

인터넷서점 www.lifebook.co.kr